现在，我们比历史上任何时期都更接近中华民族伟大复兴的目标，比历史上任何时期都更有信心、有能力实现这个目标。

——习近平 2012 年 11 月 29 日参观《复兴之路》展览时的讲话

暨南经济文丛

暨南大学应用经济学学科建设专项（52702030）经费资助
暨南卓越智库（15JNZK04）经费资助

全产业链期货服务模式研究

QUAN CHANYELIAN QIHUO FUWU MOSHI YANJIU

刘金山 等◎著

暨南大学出版社
JINAN UNIVERSITY PRESS
中国·广州

图书在版编目（CIP）数据

全产业链期货服务模式研究/刘金山等著．—广州：暨南大学出版社，2016.12
（暨南经济文丛）
ISBN 978－7－5668－1971－0

Ⅰ.①全…　Ⅱ.①刘…　Ⅲ.①金融期货—服务模式—研究　Ⅳ.①F832.5

中国版本图书馆CIP数据核字（2016）第251860号

全产业链期货服务模式研究
QUAN CHANYELIAN QIHUO FUWU MOSHI YANJIU
著　者：刘金山　等

出版发行：暨南大学出版社（510630）
电　　话：总编室（8620）85221601
　　　　　营销部（8620）85225284　85228291　85228292（邮购）
传　　真：（8620）85221583（办公室）　85223774（营销部）
网　　址：http：//www.jnupress.com　http：//press.jnu.edu.cn
排　　版：广州市天河星辰文化发展部照排中心
印　　刷：佛山市浩文彩色印刷有限公司
开　　本：787mm×1092mm　1/16
印　　张：10.75
字　　数：207千
版　　次：2016年12月第1版
印　　次：2016年12月第1次
定　　价：28.00元

目录
CONTENTS

第一章
导　论

第一节　商品金融化与价格话语权

随着金融全球化，越来越多的商品具备了金融属性，出现了“商品金融化”趋势。商品金融化改变了商品价格的形成机制，价格不仅是由传统的、基于实体经济的供求所决定，更主要是由资本和货币所决定。金融机构取代了传统的商品买家和卖家，成为市场的主导力量。与之相随，金融市场与制造业的关系越来越紧密，传统的“加工制造”产业模式逐步向“金融＋制造”产业模式转变。

工业革命以来，世界制造中心（世界工厂）几经变迁：英国→美国→日本→中国。经济史表明，在长达1 500多年的时间内，中国曾一直在商品产出方面领先于世界，直到19世纪50年代才被英国超越。当时英国的推动力主要来自工业革命。美国在19世纪90年代末超过英国，成为全球最大的制造强国。第二次世界大战以后，日本“贸易立国”，逐渐成为世界制造中心。

每一次世界制造中心的变迁，必然伴随着一个强国的出现，世界工厂以其强大的生产影响力和市场影响力推动着该经济体的快速成长。即使在生产要素成本上升而发生产业转移之后，该经济体的世界影响力依然存在，表现之一就是“价格话语权”：世界工厂升级为世界市场价格中心，“生产权”上升为“价格话语权”。

“价格话语权”，是发达国家在经济全球化进程中谋求竞争优势的重要平台。以期货交易中心为载体的大宗商品和资产定价中心奠定了国际市场格局。发达国家一些重要的期货交易中心已经成为国际定价中心，其期货价格深刻影响国际现货贸易。期货价格普遍成为市场基准价格，一些影响力较大的期货交易所行情是全球现货市场的风向标。美国芝加哥商业交易所集团是目前世界最大的期货交易所，它的农产品期货价格成为全球农产品国际贸易指导价格，纽约商业交易所的原油期货在国际市场影响深远，加拿大温尼伯商品交易所的油脂类期货交易、英国伦敦金属交易所的金属交易等都是国际贸易参照价。同时，这些期货市场制定的交易标准成为商品国际生产、交易标准。正是这样，发达国家在大力发展实体经济的同时，着力通过期货市场的发展取得大宗商品的国际定价权，从而提高本国经济的国际竞争力。

改革开放近四十年来，我国经济高速增长，2010 年成为世界第二大经济体，已形成较完整的制造业体系，具有强大的生产能力。我们拥有了强大的“生产权”，但中国强大的生产力与需求力量并没有上升为“价格话语权”。与“制造业大国”地位不相符合的是，在国际大宗商品价格的定价中“中国声音”还相对较弱。中国商品往往成为“低价”的代名词。中国企业参与国际市场竞争时，常常出现“主导供给或主导需求，却不拥有话语权”的尴尬场面。

在中华民族伟大复兴的过程中，中国具有的强大生产力和市场需求，怎样变为“价格话语权”，是中国由“经济大国”变为“经济强国”的重要环节。在国际市场上，结合“中国因素”，发出“中国声音”，变“中国因素”为“中国价格”，进而变成“世界价格”，使世界制造中心具有“价格话语权”。其中核心环节是金融市场体系尤其是期货市场体系的发育与成熟。由此，期货与伟大复兴这两个命题紧紧地联系在了一起。

第二节 期货公司与现代产业体系

由于时间和空间的阻隔，经济活动充满着不确定性，必然会产生风险。标准期货合约的诞生提供了一种分配和管理风险的工具。期货市场以风险作为交易对象，期货公司通过提供交易中介，把交易中的风险分解开来，让那些愿意并且能够承担风险的投资者或在管理风险方面具有比较优势的部门来承担，从而在整个社会范围内优化了风险配置。

正是这种跨越时空的资源配置，期货市场的发展引领了一个国家或地区现代产业体系的形成。产业活动是行为主体通过供给实现增值的活动，即通过投入产出的技术转换实现增值。纵观世界经济发展史，许多国家或地区曾经辉煌一时，却不能突破产业发展中报酬递减规律的制约。产业的升级、转型及业态的丰富，体现为突破报酬递减规律的限制，实现报酬递增的过程。1876 年，伦敦金属交易所成立，其时代背景是工业革命。英国通过期货机制构建了本土工业制造、海外殖民地资源供应、海上战略运输之间的均衡经济，促进产业体系的丰富与完善。美国在农业革命、工业革命、金融革命、能源革命和气候革命的持续创新中，期货产业起到了引领战略方向、创新经济体系、调节商品供求、规避价格风险、掌握全球定价的关键作用。

案例 新疆棉农的悲喜两重天

2010 年春天，新疆气候恶劣，棉花长势深受影响。棉农心情很沉重。没想到，秋天到了，棉农笑逐颜开，因为棉花价格飞涨而使棉花销售收入大涨。

这一切，源于 2010 年 8 月 12 日美国农业部公布棉花供求预测：全球 2010—2011 年棉花库存减少 4 561 万包，消费量从 1. 197 亿包上调至 1. 208 7 亿包。这个消息就是一声发令枪，产生了蝴蝶效应：纽约市场投资基金推高棉花期货价格，国际棉花期货价格推高国内棉花期货价格，国内棉花期货价格推高国内棉花现货价格，现货收购商推高收购价格，棉农收入倍增。

但是，棉农并不知道期货为何物。这表明，全球化的今天，农户销售的棉花价格已经不再受某时某地的供求变化影响，而是由全球期货市场统一决定。这表明产业新模式正在形成：传统种植或加工制造模式将被“金融 + 种植”“金融 + 制造”模式取代。

前三十多年来，中国的产业模式是“加工制造”；未来时期，中国的产业模式必将是“金融 + 制造”。对此，必须探索金融产业服务于实体产业的模式和路径。

期货市场是现代经济体系不可或缺的重要组成部分。作为期货市场的主要参与方，期货公司是期货交易所和投资者之间的桥梁和纽带，在促进产业发展和服务企业的过程中发挥着重要作用。期货公司如何根据自身发展，针对不同的产业和企业类型提供专业化的服务至关重要。期货公司是期货业的微观基础。期货公司的历史使命，是促进现代产业体系的形成与发展，夯实中华民族伟大复兴的微观基础，构建可持续发展机制。实现这一使命的第一步是：期货公司服务产业客户，立足产业，服务产业。

第三节 产业链整合与产业战略联盟

一、产业链与产业链整合

产业链是各个产业部门之间基于一定的技术经济关联，并依据特定的逻辑关系和时空布局关系客观形成的链条式关联关系形态。其本质是一个具有某种内在联系的企业群结构，存在着大量的上下游关系和价值交换。上游环节向下游环节输送产品或服务，下游环节向上游环节反馈信息。产业链是产业价值实现和增值的根本途径，这种增值往往来自产业链的乘数效应，产业链中某一个节点的效益发生变化会导致其他关联产业相应地发生倍增效应。

产业链整合是对产业链进行调整和协同的过程，是产业链环节中的某个主导企业通过调整、优化相关企业关系使其协同行动，提高整个产业链的运作效能，最终提升企业竞争优势的过程。

以整合企业在产业链上所处的位置划分可分为横向整合、纵向整合以及混合整合。横向整合是指通过对产业链上相同类型企业的约束来提高企业的集中度，扩大市场势力，从而增加对市场价格的控制力，获得垄断利润。纵向整合是指产业链上的企业通过对上下游企业施加纵向约束，使之接受一体化或准一体化的合约，实现纵向的产业利润最大化。混合整合是指和本产业紧密相关的企业进行一体化，既包括横向整合又包括纵向整合。

以整合是否涉及股权的转让可分为股权的并购、拆分以及战略联盟。股权并购型产业链整合是指产业链上的主导企业通过股权并购或控股的方式对产业链上关键环节的企业实施控制，以构筑通畅、稳定和完整的产业链整合模式。股权拆分型产业链整合是指原来包括多个产业链环节的企业将其中的一个或多个环节从企业中剥离出去，变企业分工为市场分工，以提高企业的核心竞争力和专业化水平。股权战略联盟型产业链整合是指主导企业与产业链上关键企业结成战略联盟，以达到提高整个产业链及企业自身竞争力的目的。

二、产业战略联盟

产业战略联盟是指一个企业为了实现自己的战略目标，与其他企业在利益共享的基础上形成的一种优势互补、分工协作的松散式网络化联盟，是各企业在追求长期竞争优势过程中为达到特定目标而与其他企业的结盟，通过相互交换互补性资源形成合力优势。

目前产业战略联盟已成为最广泛使用的战略之一，它可以使来自不同国家或地区的企业共同分担风险、共享资源、获取知识、进入新市场。泰吉（T. T. Tyejee）和奥兰德（G. E. Osland）等人认为，企业在分析竞争环境和评估自身的竞争力及资源时，往往会发现，在竞争环境中它们所要取得的战略绩效目标与其依靠自有资源和能力所能达到的目标之间存在着一个战略缺口，而战略缺口的存在却在一定程度上限制了企业走依靠自有资源和能力自我发展的道路，这就在客观上要求企业走产业战略联盟的道路。管理大师彼得·德鲁克（P. Drucker）把联盟看作“从不协调中创造协调”的最灵活的手段。林奇（P. Lynch）的研究认为，公司进入联盟往往意在以下三个原则：达到战略目标，在增加收益的同时减少风险，充分利用宝贵资源。

三、期货公司的产业链地位

随着产业模式逐步向“金融 + 制造”模式转变，在产业链整合与产业战略联盟中，期货公司逐步居于主导地位。产业客户参与期货市场，往往被期货市场的系统性与复杂性所困扰，这就需要期货公司为产业客户提供一站式的、综合性的服务，并以客户的解决方案为战略选择方向。期货市场中，产业客户频繁进行原材料采购与成品入库、销售等。由于价格波动频繁，需要实体企业充分利用现货与期货两种方式结合管理。通过与境内期货公司、境外期货公司进行期现两市场原料、成品套期保值、套利；期现结合中，可能需要资产委托、库存设计、仓单服务、仓储、购销、报价等个性化服务，要与贸易公司、投资公司、境外期货公司、科研机构等合作。期货公司作为主导企业，有自身或专业投资公司设计期现组合最优方案并操作，经贸易公司、境外板块对客户实行生产、物流、仓储、实物交割服务，辅以科研机构合作研究，为产业客户提高经营水平，提高资金周转率，节省财务费用，增加利润。

各个国家和地区的期货公司的业务发展模式各有特色，但是发达国家的期货业，均已形成多层次、多元化、较为完善的行业结构。美国期货公司种类多、业务范围广，其期货业务已渗透到美国的各行各业之中，其客户服务模式主要是套期保值、期货咨询及信息服务相结合的综合载体。美国期货公司多为全能型金融服务公司，能提供融资、理财、收购等一条龙服务，满足产业客户在产业链多环节中的各项服务需求。西欧期货公司主要通过其专业化的服务，为众多实体企业特别是工业企业提供咨询、融资等个性化、多选择的服务，并为其资产提供管理服务，从全球视角为其产业链提供各种增值业务。

第四节 研究综述

一、关于商品金融化研究

1. 国外学者对商品金融化的研究

国外对商品金融化的研究多围绕金融衍生品如何在商品交易中萌生出来、如何影响商品定价使其产生金融属性等问题。1688 年 J. de la Vega 在著作中记述荷兰阿姆斯特丹金融衍生品市场的交易技术，后来者主要有 C. Wilson（1941）、U. Schaede（1989）、R. C. Michie（1998）、P. G. M. Dickson（1967）、E. J. Swan（2000）、G. Poitras（2000）、W. N. Goetzmann 和 K. G. Rouwenhorst（2005）等。Unctad（2010）、Colbran（2011）、K. Tang 和 W. Xiong（2010）认为全球商品金融化使大宗商品价格波动剧烈，投机因素推高了价格。

2. 国内学者对商品金融化的初步研究

周丽娜（2007）指出商品金融化是金融发展的必然趋势，研究范畴需要从货币金融领域拓展到商品金融领域，金融资源的富集作用是商品金融化的内在动力。刘翔峰（2008）指出全球大宗商品与利率、汇率的关系日益紧密，金融属性十分明显，应积极发挥其金融期货功能。邱菡仪（2010）指出，随着全球金融一体化进程，资本流动范围得以延伸，大宗商品价格融入越来越多的金融特征。李江鹰（2010）认为商品金融化使套期保值变得更复杂。李扬（2010）提出商品类金融化问题亟须研究。史晨昱（2011）指出，期货市场诞生后，商品市场成为金融市场的一部分，大宗商品逐渐脱离实物属性的束缚。陈志武（2009）、陈雨露（2010）等研究了商品金融化如何推进社会变革问题。崔明（2012）、吕志平（2013）、孙国茂和陈国文（2013）分别探讨了大宗商品金融化的动因和机理。张成思、刘泽豪、罗煜（2014）研究了中国商品金融化分层与通货膨胀驱动机制。黄勇（2015）探讨了大宗商品金融化对国际贸易定价权的影响。钟腾、汤珂（2016）研究了中国商品的期货投资属性。

3. 国内学者对具体商品金融化的研究

一是石油等能源的金融化。张广本、孟需（2008）指出石油金融化将带来巨大的金融风险，需加强能源金融研究。齐银山、王军（2009）指出，石油安全本质上已从生产供应型的供给安全模式转变成贸易金融型的价格安全模式。焦学磊（2009）发现自2003年以来油价系统性暴涨的推动因素在于石油衍生品市场金融机构过于活跃。彭民、杨洪波、董金涛（2010）指出，石油金融化是资源金融化的一种形式，石油产业资本和金融资本的融通更加紧密。张文龙、张静茹、张弦（2016）探讨了煤炭价格波动的金融因素和非因素。二是金属等原材料的金融化。光国胜（2009）指出，铜具有同质化、可交易，被广泛用作工业基础原材料的商品，可进入流通领域与金融投资市场，建议铜企业利用好铜的金融属性。刘向东（2010）指出，我国钢铁企业可采取纵向一体化、利用金融衍生工具、构建产业联盟等措施应对价格风险。三是农产品金融化。苏应蓉（2011）提出金融化因素在农产品市场中不断深化并形成新特点，大量流向农产品市场的资金通过衍生市场进行非传统投机，供求状况难以反映农产品价格波动，期货价格与指数基金投机推动了农产品价格波动。李东卫（2011）探讨了粮食金融化产生的原因与应对路径。李书彦（2014）研究了大宗商品金融化对我国农产品贸易条件的影响。

4. 国内学者对商品金融化程度测度的研究

目前对商品金融化程度测度的研究较少，姚小剑、扈文秀（2011）基于商品便利收益视角，对国际原油实物属性与金融属性进行了实证检验。朱学红、谌金宇、彭韬（2016）对中国市场的大宗商品金融化进行了测度。

二、关于期现价格互动的研究

19 世纪末，马歇尔的均衡价格理论模型提到期货市场价格形成的问题。Bigman（1983）提出期货市场有效性的概念。Garbade 和 Silber（1983）构建同步价格动态模型（simultaneous price dynamics model），计算出约 75% 的价格新信息首先来自期货价格。Collins（1997）指出商品期货价格是由人们对未来供求的不同预期决定的。Coving 等（2003）分析大阪证券交易所和新加坡交易所对日经 225 期货指数价格发现的贡献程度，二者贡献度总计达 75%。Geman（2005）研究了农产品、金属、天然气、电力等商品价格组成与金融衍生品的关系。Isabel 等（2010）以长期中现货溢价和期货溢价解释价格发现功能，分析伦敦金属交易所五类有色金属历史数据，发现其他四种都出现现货溢价占统治地位，只有铜是现货、期货价格的最优整合。Zita（2007）等认为商品衍生品定价遵从无套利法则，该法则仅适用于可存储的商品，商品远期合约价格取决于现价、无风险利率、存储成本及持有收益。较为复杂的商品衍生品远期合约可通过随机游走模型定价，如分数布朗运动模型（fractional Brownian motion models）、均值回归模型（mean reversion models）、跳跃—扩散模型（jump-diffusion models）、随机变动与随机便利收益模型（stochastic volatility and stochastic convenience yield models）来分析定价问题。Black-Scholes-Merton 模型被广泛应用在期权定价上。

秦宛顺、陈衡（1998）从多角度剖析中国期货价格特征。严太华、孟卫东、刘昱洋（2000）考察铜和绿豆，赵铎（2007）考察棉花等商品期货和现货价格的互动问题。尚昕璇（2005）对铜期货和现货价格互动研究发现，现货滞后，价格对期货价格有引导关系，而期货滞后，价格对现货价格没有引导关系，但现货价格和期货价格具有即时双向引导关系。肖作良（2006）考察中国铝、天然橡胶期货和现货价格，表明距最后交易日时间越长，期货滞后价格对未来现货价格引导作用越弱。卢垚（2007）研究天然橡胶套期保值功能的实现程度与期货市场价格发现功能的发挥程度。陈蓉、郑振龙（2007）对投资性资产和费用性资产期货价格进行分析，证明期货价格不能作为未来现货价格的无偏预期。郑滋润（2008）研究铝、铜的期货与现货价格，表明期货与现货市场存在长期均衡关系，存在双向因果关系，新信息对两市场的冲击不对称，存在显著的双向波动溢出效应。刘晓雪、王沈南（2009）分析白糖现货价格、远期价格、期货价格联动关系，表明期货市场和电子交易市场现阶段处于竞争与互补的状态，共同服务现货，为现货价格提供预期信号。国家自然科学基金应急项目组的研究较为全面地描述了我国期货市场的功能完善问题，如子课题组研究者杨海珍等（2010）分别运用 I－S 模型和 P－T

模型对我国商品期货市场价格发现功能进行实证研究。肖辉等（2004）利用P－T模型研究了伦敦金属交易所与上海交易所铜的价格发现过程。曲红涛等（2011）运用多种方法研究了黄金、白银、原油、铜、铝5种大宗商品的期货价格发现功能。当前关于期现价格的研究很多，因样本期选择不同，结论具有较大差异性。

三、商品金融化的应对与风险防范

1. 套期保值

传统套期保值理论起源于凯恩斯（1923）的《关于商品市场的一些论点》和希克斯（1946）的《价值与资本》，他们认为现货价格与期货价格大体同步，期货市场收益可对冲现货市场价格变动的亏损。套期保值遵循四个原则：品种相同、数量相等、方向相反、时间相近。实际运用中，这些原则缺乏灵活性。Working（1953）提出基差逐利型套期保值理论，认为套期保值的核心不在于能否消除价格风险，而是能通过正确利用基差变化来谋取利润。Leland Johnson（1960）等提出现代套期保值理论，套期保值实质上是对期货市场与现货市场上的资产进行组合投资。Collins（1985）、Featherstone等（1988）认为由于金融杠杆效应，金融风险可由衍生品应用加以控制。Smith（1986）指出套期保值为企业提供所需的现金流动性。Mayers和Smith（1987）、Morrelec和Smith（2003）认为套期保值可减低甚至消除企业外部的现金流风险。Turvey（1989）、Baker（1990）、Mello和Parsons（2000）等研究表明，当企业处于零债务时没有必要进行套期交易，但从股东权益和公司理财看，企业实行零债务策略并不是最优选择。目前关于套期保值的理论研究相对成熟，关于实际应用的方案设计和操作成为实体企业关注的热点。

2. 多样化投资组合

多样化投资组合的经典文献是Markowitz（1952）的《组合选择》一书，后来者在此基础上作了很多扩展。Geman（2005）认为商品衍生品可以防范通胀风险。Bodie（1983）、Bodie和Rosansky（1980）、Erb和Harvey（2006）、Gorton和Rouwenhorst（2006）、Geman和Kharoubi（2008和2010）、Chong和Miffre（2010）等运用特定时期数据对商品与其他金融衍生品相关性进行研究发现，得益于多样性，在给定预期收益情况下，引入商品衍生品会降低收入风险。Silvennoinen和Thorp（2010）、K. Tang和W. Xiong（2010）等发现商品指数出现后，商品市场与债券市场得到进一步整合。Hong和Yogo（2011）、Erb和Harvey（2006）、Szakmary等（2010）认为适当的组合和操作策略可以带来客观的收益，商品衍生品是投资的动力因素。Bodie和Rosansky（1980）、Fortenbery和Hauser（1990）、Conover等（2010），通过采用股票和商品的组合投资取代单一股票组合投资进行数学模拟，得出在既定投入情况下，前者能提高收益，更有效地降低投资风险。Jensen 等（2000）、Georgiev（2001）、Idzorek（2007）发现引入商品组合后夏普系数呈现增长趋势，即引入商品作为投资组合降低风险，提高了收益。Ankrim 和 Hensel（1993）发现提高商品衍生品比例可有效提高期望收益，降低风险。Satyanarayan 和 Varangis（1996）发现在投资组合中加入商品交易，呈现更高的期望收益和更小的风险标准差，Anson（1999）利用效用分析法得出相同结果。

然而，Charoula Daskalaki（2011）等认为 Markowitz 的 MV 分析法是建立在资产回报正态分布和投资者效用函数为二次项函数的基础上的，在现实中存在争议。他们运用 1991—2009 年高盛商品指数、道琼斯商品指数及商品期货合约进行收益率分析后，发现投资收益呈现偏态分布，仅在特定样本范围内加入商品衍生品有助于降低风险，但在样本之外加入商品衍生品并没有提高投资组合的收益。Bali 等（2007）以股票收益、汇率水平、短期利率、商品指数的收益率检验商品衍生品对非金融企业运作的重要程度，发现除利率因素外，没有直接证据说明商品衍生品的使用与降低企业风险有关，金融衍生品的使用并未都使得公司获利，有时反而增加了企业风险。

四、关于期货市场服务产业发展研究

1. 农产品期货服务农业产业链

周梅（2001）基于案例论述期货市场在我国粮食流通中的作用。张雷宝（2001）指出期货市场可为农业产业化经营提供预期农产品价格信息，并成为现货农产品采购和销售的“二板市场”。卢建锋（2003）认为期货价格发现和规避风险的功能可弥补我国农业生产盲目性、分散化的缺陷。刘岩、于左（2008）论述期货市场发育成熟、合作组织发展完善、信息传导途径发达、相关机构的推动与支持是美国农业生产与农产品期货市场有效结合的基础。刘岩（2008）揭示期货市场服务“三农”中的“公司 + 农户”模式运行机理、局限与替代性选择。魏君英、何蒲明（2008）借鉴美国的经验提出利用农产品期货市场对粮食进行补贴。单磊（2009）认为农产品期货具有不存在违约风险、农民增收效果明显、管理规范等优点，农村期货合作基金更具可行性。刘旗、张继承（2009）以吉林四平玉米期货订单为例，指出信息不对称、契约约束力差、制度不完善等因素导致农产品期货订单的不稳定性和履约的风险性。胡静波（2013）以浙江为例，探讨了棉纺企业套期保值的问题与对策。李正强（2015）探讨了期货服务三农的新模式。李彦（2015）研究了我国的糖产区各现货市场与期货市场的价格关联性。李华、张琳（2016）认为“保险 + 期货”是一种服务农业现代化的新模式。

2. 探索期货作用机制对其他产业的影响

陈绪明（2003）研究有色金属进出口企业如何利用期货市场，这个研究对期货公司制定合理的产业服务模式具有参考意义。罗孝玲等（2004）提出生猪期货的推出会有利于改善生猪生产、流通和销售模式，有利于推进我国生猪产业化。俞小平等（2008）总结我国林业产业引进期货贸易机制的实践，提出我国林产品期货贸易需要立足于胶合板期货贸易的教训，关注产业特殊性及期货商品合约的弹性设计。李传山（2013）探讨塑料期货服务实体企业的方式及存在的问题。多数学者从信息发布和传递机制、金融政策、法制建设等宏观层面提出完善期货市场机制的政策建议，较少从微观结构视角探讨产业链企业利用期货市场提高核心竞争力问题。

3. 若干期货公司对服务实体产业模式进行的探索

永安期货“打造专业优势，服务产业经济”，通过期货品种产业链的研发和期货品种市场的培育，提升企业服务能力和业务扩展能力，利用期货工具帮助优化企业的经营管理。珠江期货围绕“立足产业、服务产业”的理念，把期货公司的发展融入地方产业经济循环中，促进期货为产业服务。中国国际期货启动“中小企业期货市场成长计划”系列专场活动。中国国际期货公司课题组提出应积极培育以期货中介公司为核心的、综合的、有深度和广度的期货产业集群体系，构建出完整的产业链条。方正期货“期货下乡”战略，主动为涉农企业风险管理业务提供系统和专业的培训、咨询、示范、推介等服务。银河期货的“农发行—银河模式”促进了市场功能的发挥，为农发行支持涉农企业依托期货市场走出困境提供了良好的渠道。

总体而言，目前针对期货公司如何服务于实体产业的研究较少，尤其是对不同产业差异化服务模式的研究更少。多数研究局限于定性描述期货公司局部业务服务，缺乏服务模式系统性研究；或针对个别公司或某类产业服务进行个案分析，却没有比较不同服务对象产业差异性。各期货公司在为企业提供咨询或服务的过程中都有各自的渠道和策略，但归纳为体系或模式的较少。

五、文献简评

现有文献主要从经济金融化、虚拟经济与实体经济联动、期现互动、收益风险等不同方面进行研究，针对商品金融化的研究较少，对商品金融化程度测度指标和方法的研究更少。多数学者集中研究期货与现货价格关系及期货市场功能，较少结合产业升级与期货功能进行系统性分析。本书根据大宗商品产业特性，研究处于产业链上游、中游和下游的企业所需要的期货服务及相应模式，提炼现有期货公司典型模式，提出期货公司服务产业发展的政策建议与相关支持系统。

第五节 研究构想

中华民族的伟大复兴、现代产业体系的丰富与完善，需要的是期货公司为产业客户提供全面系统的服务。基于产业链整合与产业战略联盟理论，本书主要研究期货公司如何服务大宗商品产业链各环节的客户，主要分析四类大宗商品：农产品、油脂油料类、能源化工类、金属类。

本书将根据大宗商品不同类别的产业特性，明确不同产业类型企业所需要的差异化服务；按照产业链思路，分别研究处于产业链上游、中游和下游的企业所需要的期货服务及相应模式。服务模式研究，主要围绕“为谁服务”“服务什么”“怎样服务”等问题展开。研究基本框架如下图所示。

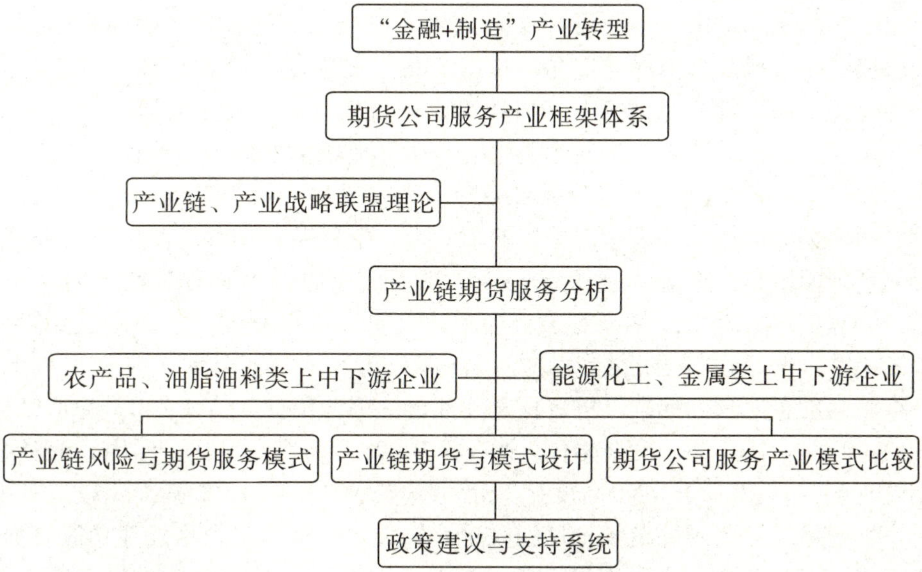

研究框架图

第二章

期货服务产业转型升级模式分析

第一节 “期货 + 制造”模式转型

一、商品金融化趋势与模式转型的必要性

近年来全球货币流动与国际金融危机演进表明，越来越多的商品具备了金融属性，出现商品金融化趋势。在笔者主持的课题研究中设计了一套商品金融化程度测算的指标体系，并以锌为例进行实证测算：由对国内锌期现价格相关度、期价对期现市场的影响程度、期货市场价格发现功能优度的测算，考察期现价互动情况，研究期货市场影响力；通过价格受危机冲击程度的测算，研究金融市场系统风险对价格的影响力；由基差波动程度测算风险程度，测算期现两市实际收益率的波动程度，进而研究收益波动程度与风险大小；通过测算期价对现价的偏离程度、换手率，研究投机程度，进而研究测算金属商品金融化程度综合指标，并与国外成熟市场水平相比较，定义出低度、中度、高度金融化的标准。笔者探索性地定义综合指标数值 0 ~ 40% 为低度金融化，40% ~ 70% 为中度金融化，70% ~ 100% 为高度金融化。国内锌商品金融化程度（74.22%）处于高度金融化的初步水平：同 LME 基准比较，其期现市场价格以及与国外市场价格的联动性较强，期货市场价格发现功能较强，表现出较高的金融化水平，但其收益稳定性和套期保值风险、投机上表现出一定程度的发展滞后性。这表明我国商品金融化进程在加快。

与商品金融化相随，金融市场与制造业、服务业的关系越来越紧密，传统的“加工制造”“配套服务”产业模式逐步向“金融 + 制造”“金融 + 服务”产业模式转变。一家企业，原料价格受全球影响，需要期货市场套期保值锁定原料成本，规避价格风险；产品出口面临汇率波动风险，需要外汇市场远期合约或外汇期货来规避风险。这意味着可运用金融工具进行产业链与价值链全流程的财务再造。

“期货 + 制造”模式，可构建以期货为中心的价格预警机制。有效的价格

指导作用使得生产企业、贸易商、消费企业在行情转晴时有信心扩大经营规模释放产能，在行情急剧下跌时规避一部分风险、降低亏损程度。在期货价格的引导下，企业对价格的把握能力有所提高，有助于我国逐步掌握商品国际话语权。

"期货 + 制造"模式，丰富企业回避风险可使用的金融工具。产业与金融相融合的模式可促进企业由"加工型"向"经营型"转变。在国内外宏观环境存在巨大的不确定性下，可加强企业转移风险的能力，实现稳定经营，行业实现可持续发展的目的。

"期货 + 制造"模式，可优化生产结构。期货市场的信息丰富性、及时性、透明性等良好信息传递功能有利于政府有关部门把握市场变化趋势，采取适宜调控措施，带动产业链整体升级。

二、以期货工具为纽带的价值链

1985 年迈克尔·波特首次提出"价值链"的概念，认为价值链是一系列使得原材料转化为最终产品并实现价值增值的连续活动。进入 21 世纪，期货市场与现货市场互动性增强，在"期货 + 制造"模式下，企业价值链内涵被赋予新的意义，推动企业由粗放型外部扩张向风险可控的规模式发展转变。引入期货因子后，新企业价值链如下表所示。

以期货工具为纽带的企业价值链

<table>
<tr><th>活动</th><th colspan="4">内容</th></tr>
<tr><td>辅助活动</td><td colspan="4">基础设施（期货仓单质押融资）
人力资源管理（期货人才的培养）
技术开发（期货技术操作研发）
采购（期现双结合）</td></tr>
<tr><td>基本活动</td><td>生产经营
期货计划指导生产</td><td>物流管理
现货 + 期货头寸</td><td>市场营销
期货现货双渠道</td><td>市场服务
期货现货信息反馈</td></tr>
</table>

"期货 + 制造"模式下，企业价值链可以分为基本活动和辅助活动。但较传统价值链模型，新价值链下企业的基本活动和辅助活动都体现浓厚的金融元素。基本活动：期货走势成为企业的生产计划安排的重要影响因素，库存管理的结构也转换为"现货 + 期货头寸"，市场营销也实现现货与期货双销售渠道，市场服务也获得充分、及时、真实的信息反馈。辅助活动：企业可通过期货仓单质押业务扩大企业规模，人力资源方面也因期货业务开展的需要引进金融方面高级人才，期货交易平台使得企业获得技术信息外部性，采购

方面也可通过“期现”双路径节省采购成本。

第二节 “期货+制造”立体旋转式“钻石”模型

一、基本模型

基于迈克尔·波特的模型，提出“期货+制造”立体旋转式“钻石”模型（见下图），为“期货+制造”模式下产业链的优化升级提出新的理论范式。

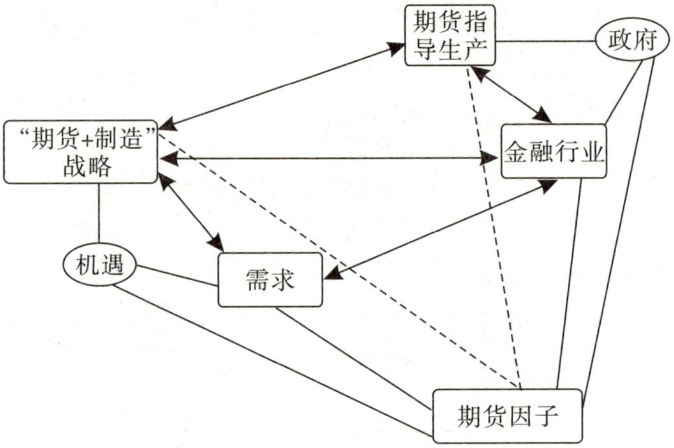

基于期货因子的“钻石”模型

受到地球自转原因传统观点——角动量假说的启示，可把整个产业系统看作浩瀚“经济宇宙”中不断自转的星球，产业“星云”物质因素相互间引力越大，产业“星球”获得的自转角动量也越大，自转速度即运行效率也越快。传统的产业“钻石”模型在生产要素、需求条件、企业战略结构与同行竞争、相关支持性产业、机遇以及政府六大传统因素的相互作用下存在自转现象。

“期货+制造”新型产业模式下，修正的“钻石”模型是由期货因子、期货指导式生产整合、实际/虚拟需求、企业“期货+制造”战略、实体相关支持行业与金融业、政府以及机遇七大因素相互交叉作用而形成的，期货因子主要指产业期货、期货公司以及期货交易所。

作为产业基础的生产要素由产业上游生产企业所控制，代表产业下游消费企业的需求条件立足于生产要素之上。上游生产企业、中游贸易商、下游消费企业整个产业链连成一线作为中心轴，带动整个产业“钻石”模型“发展式”向左自转。以期货工具为纽带的产业链逐步形成，处于核心位置的期货市场肩负着连接上游、下游行业和企业的重要任务，决定了“期货+制造”产业方式下“钻石”模型的立体性，通过与其他传统因素的紧密结合为产业创造新的要素优势，使得产业“星球”物质相互间作用力更大，对整个系统运行效率形成加速的作用，产生了“1+6>7”的协作效益。

二、“期货+制造”立体旋转式“钻石”模型动力机制

七大因素立体旋转式“钻石”模型动力机制主要来自市场机制的驱动力和政府作用的推动力，以内部四大驱动要素——期货指导式生产整合、实际/虚拟需求、企业“期货+制造”战略、实体相关支持行业与金融业，与外在驱动力“加速器”期货和“守夜人”政府的优化组合，形成一个严密高效的“星球”系统。

1. 期货因子与期货指导式生产整合

较传统的生产方式，期货因子的出现使得企业可运用期货市场的价格发现工具获得未来相关原材料、成品的供需信息，避免生产的盲目性，从而在某种程度上缓解我国产业产能严重过剩的问题。生产企业在签订远期合同前，可把期货价格作为经营参考，综合考虑企业的加工利润、下游企业的接受程度、相邻月份的价格等因素后制定出合理的结算价，避免过度经验主义。另外，期货价格影响原料现货市场价格，期货行情总体处于上升通道时，生产商采购原材料的意愿增强，反之采购意愿下降，贸易商也随之调高原材料或降低原材料的报价。期货因子引致的产业物流模式升级更有利于我国产业区域分工与协作。期货交易所与期货公司对于重点地区的客户进行走访，上门介绍期货合约和相关交易交割制度，为企业答疑解惑，帮助企业进行风险管理。

2. 期货因子与实际/虚拟需求

期货形成即时反映市场供需情况的价格参考体系，有效抑制市场供求失衡和非正常价格波动，已受到现货贸易商和下游制品企业的广泛关注。作为承担期货市场风险的群体，投机者的“虚拟需求”促进了期货市场流动性。投机者的投机炒作行为必须建立于健康、成熟、规范的现货市场之上。期货有期货转现货和一次性集中交割两种交割方式，企业可以在期货公司的协助下选择最适宜的交割方式，在合约规定的交割期内办妥标准仓单、增值税发票、货款等交割事宜，保证产业链上、中、下游无缝对接。

3. 期货因子与企业“期货+制造”战略

对于生产企业，期货为定价提供了较强的指导作用；对于贸易企业，利用针对库存、关注基差的套期保值方法回避敞口风险；对于加工制品企业，期货公司为其合理地控制原料采购成本提供了有效的工具。企业实行“虚拟

采购/销售”模式，同时执行“现货+期货头寸”的库存管理策略，采用动态保值理念和技术对企业进销货的阶段性流程进行对冲操作以及经营风险控制，提高企业的经营效率。另外，产业客户可通过质押期货仓单获得金融机构的融资便利，实现低成本跨越式扩展。大连商品交易所对塑料期货实行推荐品牌交割制度，企业可争取成为交易所的注册品牌，可为企业创造更大的贸易平台并且提高企业知名度，增强企业实力。

4. 期货因子与实体相关支持行业、金融业

期货公司与银行、保险、证券等金融机构基于未来金融混业的要求相互渗透，针对技术服务与延伸、客户资产管理挖掘以及平台拓展和交易品种创新三大层面建立了战略合作关系。在合作过程中，作为金融龙头的银行依然起着主导作用，期货公司凭借分业体制下进入壁垒导致的经营特权获得优势。各金融机构除了开展传统的银期转账、标准仓单质押业务外，就客户营销及资源共享、培训交流、投资顾问、创新业务等方面开展深度合作，拓宽金融行业价值链的同时也对产业形成扶持作用，挖掘产业客户的投资潜力，满足产业客户跨市场、跨品种规避风险或获取额外收益的投资融资要求。

5. 期货因子与机遇

国际期货市场全天候运作有利于产业客户把握国际供需信息，提升品牌效应，加快国际化进程。产业客户可通过期货经纪机构进行境外套期保值业务或投资业务，进行交叉套期保值交易或套利业务达到回避风险或获取额外利益的目的。

6. 期货因子与政府

我国期货市场建立以来，证监会与期货交易所提出了有效交易制度框架，包括保证金制度、结算制度、涨跌停板制度、持仓限额制度、大户报告制度和强行平仓制度等，确保“期货+制造”模式的系统性、严密性、规划性。政府由传统的市场发展主导者的身份向市场监管者逐步过渡，加大对期现市场的监管和制度机制改革的力度，防止客户保证金被挪用等道德风险的发生，保障产业客户的合法权益。鉴于我国经济战略安全的需求，政府作为一种外生的、制度性因素，与期货交易所、证监会相结合，从制度完善、市场培训和信息提供、市场应用与推广等角度为机构投资者的入市创造政策与法律条件，保证“期货+制造”模式的稳步发展，为“期货+制造”模式创造更大的作用空间。

三、基于期货因子价值链的作用机制

1. 生产与销售模式的优化升级

在引入期货因子之前，企业单纯依靠现货市场的信息指导企业的生产、

库存和销售，面临着更多不确定性的风险。“期货+现货”模式下，生产企业可以及时、准确地把握市场变化趋势，合理调整生产规模，避免盲目生产造成大量积压库存，实现企业的平稳健康发展。贸易商亦可改变以远期合同和随用随买为主的传统贸易定价方式，采用“期货价格+现货价格”的定价模式把握现货价格的波动性，增加企业经营的灵活性。消费企业可通过期货市场获取采购信息，有利于采购部门制订采购计划。基于期货指导现货的生产和销售模式，相关企业可以实现向前锁定成本和向后获取利润的目的。

2. 风险控制与投融资模式的优化升级

企业可基于交易方向相反原则、商品种类相同原则、商品数量相等原则、月份相同或相近原则这四大套期保值原则进行套期保值交易，从而在期货市场回避价格风险，保障企业利润。通过基本面分析、技术分析及基差变化分析对现阶段市场趋势有全面的了解，然后在数据采集及基差计算的基础上进行保值效果评估，同时借助智能化交易手段降低无效保值比例，在“现货”与“期货”之间、“近期”与“远期”之间建立一种对冲机制，以使现货企业在熊市中按约定价执行采购合同但企业利用期货盈利，在牛市中按约定价执行供货合同且企业也利用期货盈利，并且通过期货和现货的滚动操作使得存货成本保持相对稳定地位，将部分经营风险从价格波动转化为基差波动。

基于期货市场的高风险性，企业应建立完善的内控机制和风险控制机制保障套期保值方案的有效实施，以及避免风险投资过度造成企业严重损失。同时期货市场具有投资与融资功能，比如钢铁产业链上下游企业应充分利用较为完善的产业链期货（上游的焦煤、焦炭与铁矿石期货及下游的螺纹钢、线材及热轧卷板期货），根据自身对期货市场的敏锐感进行期现套利、跨月套利、跨品种套利、跨市场套利等套利交易，实现多样化盈利模式，获取额外收益。钢铁上游的生产企业期货需求着重点更多的是向前缩减炼钢成本和向后扩大销售，可利用期货锁定原材料产品价格及未来产品价格，从而锁定炼钢成本和利润；中游贸易流通企业可以利用期货市场更多、更好、更主动地管理贸易价差；下游加工消费企业可利用期货远期合约，锁定原料成本，将下游产品市场进一步做大做强。

第三章

期货公司对产业客户的服务体系

第一节 构建产业链期货

利用期货市场，期货公司可以为产业客户提供全方位、多层次的系统服务。在向“金融 + 制造”产业模式转型过程中，可将期货管理工具全方位地嵌入到产业链与价值链中，即运用期货工具进行产业链与价值链全流程的财务再造。这就是产业链期货。

产业链期货产生的背景是金融全球化与商品金融化。产业链期货依托的平台是成熟的期货市场体系，具有丰富的期货工具。产业链期货的主要目标是规避全产业链每个环节的市场风险。以珠江三角洲为例，珠江三角洲产业以外向型制造业为主，迈向“金融 + 制造”产业模式的需要更为迫切。一家生产灯具的企业，需要原材料铜，而铜的价格受到全球价格波动影响，需要在期货市场上进行套期保值锁定原料成本。生产出来的灯饰产品主要出口到境外，出口产品价格受汇率波动影响，需要在外汇市场上签订远期合约，或进行外汇期货交易。从原料采购到产品销售，这家生产企业都要把期货工具嵌入到价值链的每一个环节，进行财务流程再造。这是一个产业链期货过程。近几年的广交会出现了生产企业“不敢接单”“不敢接长单，只敢接短单”“不敢接大单，只敢接小单”等现象，表明生产企业亟须向“金融 + 制造”产业模式转型。

第二节 培育与开发产业客户

一、正确认识服务产业客户

期货公司正确认识产业客户的需求并提供相应的服务，有着重要的意义。这与经济发展阶段以及金融市场的成熟度有关。在发达国家和地区，期货理论及应用颇为成熟，套期保值理论深入人心，实际操作非常成熟，在传统套期保值理论基础上发展出了现代套期保值理论体系，如基差逐利套期保值理论、组合投资理论、流动性理论和长期合约关系理论等。但我国的期货理论的产生与实践时间较短，仍需要宣传普及相关知识。我国许多企业还处于探讨“要不要进行套期保值”层面，对风险的理解倾向于其可能产生的不良后果和消极影响，强调期货的高风险性，忽略风险的可控性，参与期货交易的热情仍有待提高。

期货公司引导和培育产业客户的参与意识周期比较长，前期投入成本较高。拓展产业客户的过程当中，期货公司需要花费大量时间了解客户情况，为其设计有针对性的方案，要帮助企业培训期货人才。与开发其他类型客户相比，流程更加复杂，工作难度大。但参与套期保值的产业和机构客户都是基于实业发展考虑的，而且一套成熟的套期保值方案需要期货和现货密切的合作，产业客户的忠诚度比较高。我国期货公司服务产业客户，要开展期货市场营销，向客户推销自己的服务条件、研究产品，帮助企业破除一些对期货领域的误解，树立对期货的正确认识。这意味着期货公司与产业客户共同成长。

二、产业客户开发

产业客户开发，是指通过对上市品种产业链上游到下游的经济组织进行有效梳理，通过学习掌握该品种及产业的基本知识，熟悉产业链的各个环节，发现该品种产业链中的经济组织有利用期货市场进行保值或投资的潜在需求，或客户在利用期货过程中由于缺乏正确操作而存在风险隐患，通过对潜在客户的辅导和专业培训，帮助客户建立健全保值、投资流程及风险控制体系，为客户提供交易通道、信息、研究及定制式投资操作策略的全过程。

以客户需求为导向，进行市场开发，主要包括：根据市场环境和自身资源能力进行战略定位，确定目标市场和目标客户；进行客户识别，细分市场和客户，明确客户特征及区域分布；调查并分析客户的核心需求；根据细分客户的核心需求，设计不同类别的服务产品，并建立与之相配套的营销客服流程及支撑体系。根据产业链理论和具体实践借鉴，期货公司开发产业客户需要做好以下工作：

1. 交易品种产业链考察

期货公司需要把上市品种产业链的构成梳理清晰，从上市交易品种在产业链中所处的位置切入。产业链的市场化程度决定产业客户的潜在需求，如能源化工类商品的垄断因素制约着该类期货与现货的互动。产业链的市场化程度、政策环境以及竞争环境是直接影响产业客户参与期货市场动力的重要因素。搜索、锁定产业客户，产业客户在生产经营中与上市交易品种交叉关系系数越大，该产业客户对利用上市品种的期货潜在需求也就越大，该客户也就越有可能成为目标客户。界定目标客户，为下一步工作做好准备。

2. 分类服务产业客户定位

期货公司需要对有潜在需求的产业客户进行培训、交流，激发客户潜在需求；对有规避风险需求的客户，进行套期保值案例宣讲；对有投资需求的客户，进行投机及价值投资案例介绍；对在期货市场曾经失败过的客户，进行成功与失败案例剖析；对在期货市场正在交易、尚未找到成功交易模式的客户，进行实盘交易技能、风险控制案例培训；对在期货市场非常成熟的产业客户，进行了解对手、营销公关等方面内容的讲解。

3. 持续跟踪服务

期货公司需要做调研考察记录、分类统计及分析报告；筛选、归类整理调研对象；制订后期回访跟进方式和计划；团队提供服务及培训辅导；提高感情营销级别、缩小距离、提升关系。

4. 系列针对性服务

期货公司需要根据不同的客户群体提供不同的服务需求：对刚接触或刚进入期货市场的投资者，可通过操盘训练学习期货操盘技巧；对在期货市场交易一段时间的客户，期货公司可定期举办行情分析会让客户了解最新的行业信息；对公司的高端客户，可不定期举办高端客户论坛。研发人员通过走访企业，与企业保持长期的密切交流，为企业提供相关咨询和建议。公司通过派遣研究员进驻该企业的方式或通过企业相关操作人员到期货公司实习方式实现人才培养。

三、客户退出管理

若产业客户终止与本期货公司合作、转向其他公司时，期货公司需要测定客户客流失率，找出客户流失的原因，测算流失客户造成的公司利润损失，制订留住客户的方案。造成客户退出的某些原因可能与公司无关，如客户破产等。由于公司或竞争者的原因而造成的客户退出，则应引起警惕，采取相应的措施扭转局面。

期货公司应经常地测试各种套期保值、套利交易的效果，期货服务的长处与缺陷，执行过程中的成绩与问题等，不断地改进规划，建立和加强客户忠诚度与满意度。

第三节 期货公司服务体系

作为产业战略联盟中的主导产业，期货公司在整合产业链的过程中，需要为产业客户提供全面、系统、丰富、完善的服务。当然，这一服务体系不可能一蹴而就。期货公司在其自身成长的过程中逐步丰富与完善服务体系。期货公司的基本业务是通道服务即经纪业务，主要负责代理买卖期货合约、办理结算和交割手续；一个完整的期货交易流程应包括：开户与下单、竞价、结算和交割等环节。在完成基本服务的基础上，期货公司可为产业客户提供全面系统的专业性服务与综合服务。

一、套期保值

套期保值主要是对冲风险，可分为买入套期保值和卖出套期保值，主要是规避企业经营风险，成功的套期保值结果表现为企业利润曲线的平滑以及有序持续增长。期货公司协助现货企业套期保值的主要步骤：①通过基本面分析、技术分析和基差变化分析，全面了解市场趋势；②做好交易的具体准备，即期货公司应协助投资者申请套期保值交易，在规定的期限内填写好由交易所统一制定的套期保值申请（审批）表，并向期货交易所提交与申请保值交易品种、交易部位、买卖数量及与套期保值时间相一致的有关证明材料；在交易所批准的建仓期限内，按批准的交易部位和额度建仓；③通过数据采集及基差计算进行保值效果评估；④对可能出现的风险进行预测并且准备好应对方案。

期货公司协助企业设计具体的套期保值交易计划，全程跟踪企业交易过程，并根据市场状况建议企业动态调整套期保值交易计划，协助企业控制套期保值交易风险。坚持商品种类相同原则、商品数量相等原则、月份相同或相近原则、交易方向相反原则的四大套期保值准则，在“现货”与“期货”之间、近期和远期之间建立一种对冲机制，以使现货企业价格风险降低到最低限度。

应选择有一定风险的现货交易进行套期保值。如果市场价格较为稳定，那就无须进行套期保值，因进行套期保值交易需支付一定费用。比较净风险额与保值费用，最终确定是否要进行套期保值。根据价格短期走势预测，计算出基差（即现货价格和期货价格之间的差额）预期变动额，并据此作出进入和离开期货市场的时机规划，并予以执行。

二、套利服务

套利是指利用相关市场或者相关合约之间的价差变化，进行反向交易，以期价差发生有利变化而获利，主要有期现套利、跨期套利、跨品种套利和跨市场套利。期货公司在服务产业客户套利时应遵循以下步骤：严格审核公司财务状况，确定公司是否有能力承担套利风险；确定公司有无现货背景，确定进行套利的期货品种和套利的方式；由于有些品种上市时间较短，在期货市场还不成熟，不适合用作跨市场套利。而有些期货上市时间长，发展较为成熟，与国际接轨比较全面，适合进行跨市场套利，找准时机买入和卖出；期货公司应经常测试各种套利交易的效果及执行过程中的成绩与问题等。

三、融资与投资服务

目前国内商业银行都经营标准仓单质押贷款业务，企业以其持有的或拟交割所得的标准仓单作为质押物，银行给予一定的质押率向企业发放信贷资金。标准仓单质押贷款业务，有期货市场严格的质量标准保证质押标的的价值。通过标准仓单质押贷款，企业在进行套利套保业务时可最大限度减少资金占用；如果有扩张需要，通过标准仓单质押贷款，可提高资金周转效率，扩大经营规模。通过期货公司、企业客户、银行三方合作，保证资金封闭运行，确保使用安全，实现银期企三方共赢。

期货公司与银行合作可以为将来混业经营下的期银深度合作奠定基础。如广发期货先后与建设银行、招商银行、广发银行等多家银行建立了战略合作关系，双方除了开展传统的银期转账、标准仓单质押业务外，还在符合国家政策和有关法律法规的前提下，就客户营销及资源共享、培训交流、期货理财产品开发、投资顾问、创新业务等方面展开深入合作，共同促进双方业务的发展。期货公司、证券公司的合作主要是双方共同挖掘客户的投资潜力，满足客户跨市场、多品种的投资需求。

四、品牌服务

举办新品种推荐会，向投资者介绍期货品种的基础知识、交易规则以及现货情况等。这有利于期货公司熟悉新品种、了解实体企业、认识产业链。积极培育期货品种市场，做好新品种上市前的调研工作和上市后的市场培育工作。走访具有潜力的期货品种，配合期货交易所对品牌口碑佳、流通贸易量大的生产企业的产品进行质量抽检，为交易所交割品牌制度改革提供重要依据。

我国已经形成不同产业集群带，在不同区域有一些特定的产业，具有鲜明的比较优势。期货公司可结合地方经济特色，确定重点品种，形成专业化服务，引导产业客户正确认识期货，利用地方政府支持，建立长期稳定业务关系，使产业客户利用期货工具发展壮大。

五、研发服务

期货公司的研发为产业客户提供高质量的服务和个性化服务。研究部门从全球化视野研究宏观经济，深入产业链研究上下游关系及市场趋势行情。这具有研究的科学性、行业经验的实战性和趋势行情的综合性。同时，研发投入为未来期货行业大力发展咨询业务、资产管理业务打下基础。

六、物流与仓储服务

许多产业客户改变其传统经营理念，把期货市场作为原材料库存和销售的一部分，运用期货市场让企业规避价格风险，达到使企业能够专注于生产经营，更有效率地组织生产的目的。

企业可以利用期货市场进行库存管理，包括降低企业库存成本、库存套利和锁定库存风险，解决仓储、物流、仓单置换等问题。这需要期货公司协调具有战略合作关系的贸易公司。贸易公司具备多年的仓储经验，与交易所指定的交割库有良好的合作关系，可以帮助产业客户解决仓储相关问题。贸易公司在长期经营的过程中，与相关物流企业建立了紧密合作关系，可以凭借国内、国际业务网络，为客户提供经济、快捷、安全的一体化综合服务。产业客户在期货交割时面临期货交割仓单的地点不确定、交割货物的品牌不确定等问题，需要进行仓单置换。贸易公司可以通过自身的仓单或遍布全国的现货资源，为客户提供异地货物，同时提供能够满足客户需求的品牌货物。与现货贸易公司的合作使得产业客户在参与期货交易过程中，将参与期货的各个环节变得可行、通畅。

七、定价服务

期货公司可帮助企业优化定价模式，掌握定价的主动权，降低成本，优化企业经营。目前期货市场决定价格的功能尚未被现货企业有意识地开发和利用。传统贸易定价方式主要是远期合同和随用随买。远期合同缺乏灵活性；随用随买的模式增加交易次数，提高交易成本。“点价”方式，即先定下基差，期货价格由买方在未来一段时间内选择确定。“期货价格 + 基差”的定价方式，为现货企业提供更多的选择，并在一定程度上降低传统贸易定价方式的价格风险。更重要的是，应用点价模式时，企业与期货公司合作，同时进行合理的套期保值，可以让点价交易双方在不同的价位完成商品的购销。

八、全球化服务

针对外向型产业客户，期货公司与境外从事期货的机构战略合作，为符合条件的产业客户提供境外期货的配套服务，通过境外期货市场为产业客户在进出口贸易方面提供配套服务，如跨市场套利和对冲市场风险。境外期货研发部门所收集的相关国际金融数据及最新的研究成果可及时以增值服务的形式提供给客户。在跨市场套利方面，主要利用国内期货产品的价位波动普遍不及国外期货产品价格波动大的特点，通过两个市场进行跨市场套利，实现投资者、期货公司、交易所的“三赢”局面。境外期货市场的配套服务还能为产业客户解决国内期货市场存在长假不开盘、交易时间较短等一系列问题，产业客户可以利用外盘对同类期货产品同时进行对冲，能够在确保收益的前提下降低投资风险。

九、投资咨询业务

投资咨询业务是指基于客户委托，期货公司及其从业人员从事的风险管理顾问、期货研究分析、期货交易咨询等营利性业务。其中，风险管理顾问包括协助客户建立风险管理制度、操作流程，提供风险管理咨询、专项培训等；期货研究分析包括收集整理期货市场及各类经济信息，研究分析期货市场及相关现货市场的价格及其相关影响因素，制作提供研究分析报告或者资讯信息；期货交易咨询包括为客户设计套期保值、套利等投资方案，拟定期货交易操作策略等。

该业务的推出有利于引导期货公司为实体企业、产业客户以及机构投资者提供更多、更好的专业化服务，满足实体企业、产业客户以及机构投资者与日俱增的风险管理、套期保值等专业化服务需求，促进期货市场功能发挥。

对于期货公司自身而言，投资咨询业务的推出是其发展的良好契机。目前，期货公司同质化比较严重，整个行业受累于手续费的恶性竞争。而投资咨询业务是一种制度创新，将会使整个期货行业在质量上有所提高，使得期货公司开始追求高端增值的服务。

十、资产管理业务

随着我国期货市场由量变向质变发展，期货创新业务需求不断增加，探索并最终推出期货资产管理业务成为必然趋势。2012 年中国证监会公布实施《期货公司资产管理业务试点办法》。从期货行业本身来看，期货专业性要求高，投资经验门槛高，以中小投机者占市场主体的参与结构面临资金和风险承受能力的考验，而投资者将资金交给期货公司专门设立的附属机构进行资产管理，通过训练有素的专业人员管理，可以顺应期货市场发展的新要求，并取得稳定收益。因此，发展期货公司客户资产管理业务成为市场发展方向。

我国证券资产管理业务自 2004 年 2 月正式施行以来，证券资产管理业务已经走上规范健康的发展道路，期货公司客户资产管理业务可以借鉴证券公司开展资产委托管理的经验，在管理规范、职责明确、运作有序的原则下发展期货公司客户资产管理业务。由于其巨大的潜力，资产管理业务同经纪业务、投资咨询业务一起将成为未来驱动期货市场发展的三驾马车。

第四节　期货公司服务产业客户基本模式

期货公司服务产业客户的基本模式，主要围绕三个问题：期货公司为谁服务，服务什么，怎样服务。这三个问题的解决还需要相应的市场环境与制度环境。以套期保值为例，可将期货公司服务产业客户的模式提炼为以下五方面：

1. 了解客户需求

期货公司应该高度重视不同客户的差异化需求，结合不同类型企业的特点，为接下来的策略、方案制定明确方向。

2. 深入企业考察，做出分析

期货公司在对期货市场信息变化的把握和基本面分析方面具有明显的优势，企业对现货经营和公司经营情况的了解要优于期货公司。只有深入企业实地考察现货经营情况，才能将两者的优势结合在一起。主要分析包括：①基本面分析，主要包括宏观经济、政治因素、市场供需、通货膨胀、潜在市场变化等；②企业可能遇到的风险分析，包括原材料采购、生产经营、企业管理、产品销售、库存交割等；③企业经营状况分析，重点分析企业的各类数据，包括财务数据、库存数据、现金流、产销量等。

3. 制定套期保值策略和方案

期货公司要确定具体的套保对象、套保期限、套保方向、套保数量、套保价格，要及时保持与企业的沟通。期货公司应加大对企业套期保值理念的教育培训，正确引导企业对期货市场的认识，强化企业利用期货市场管理风险的意识。

4. 执行套期保值方案

在执行套期保值方案前，期货公司应确保企业的手续费、保证金等费用都已足额缴纳，在接到下单指令后按照套期保值方案执行。在套期保值过程中，期货公司要特别注意控制风险，尤其要关注企业的存货库存以及现金流情况，这两个方面也是在传统保值方案中最容易被忽略，也最容易出现风险的地方。偏高或偏低的库存，很容易在价格大幅波动中给加工型企业带来不利，而现金流是否出现短缺，将直接关系到企业的套期保值方案能否执行到最后。进入交割环节时，准备实物交割的卖方可以通过质押仓单的方式垫付保证金。期货公司应对选择期转现或者不进行实物交割的套期保值头寸要及时平仓了结。

5. 总结、反馈套期保值效果

在整个套期保值过程结束后，应对套期保值方案进行全面的评估。评估主要从套期保值盈亏情况、对企业生产运营的影响以及方案执行过程中的风险控制情况这三个方面进行。每项套期保值方案的评估结果应及时反馈给套期保值企业，通过与企业的互动，总结经验教训，不断提高服务产业客户的水平。

第四章

期货公司服务农产品类产业客户模式

随着经济社会发展，农产品产业链原来相互割裂的产供销各个环节得到有机连接，不断被拓展和延伸，使农产品由原来的初级产品变成多次加工、多次增值的产品，将农户和农产品深加工企业、农产品销售商以及农技、运输等相关服务商整合成一个整体。农产品产业链从上游到下游包括：为农业生产做准备的各种育种、农作物种植等产业部门，以农产品为原料的加工业，储存、运输、贸易、销售等中下游部门。本章主要分析玉米、白糖、棉花、小麦、早籼稻产业链风险及其应对方法。①

第一节　玉米产业链及服务模式

一、上游产业链

上游产业活动是玉米的育种、种植生产，主体是农民、大型种植户、农场等。目前主要问题有：农户种植规模总体较小，农民获取信息能力弱，种植积极性不稳定，化解风险的能力弱。上游种植生产企业主要面临自然风险和市场风险。自然风险主要是气候、自然灾害等，气候包括气温、日照、降雨、降雪等。市场风险主要是劳动力、生产资料价格波动，玉米需求与销售状况波动，使成本收益不稳定。

应对自然风险，主要是进行天气风险管理和灾害风险管理，可运用天气期货和保险工具，获取天气预测信息作为辅助参考。天气期货是非物质期货交易品种，可以帮助易因天气变化而遭受损失的企业规避天气风险，甚至通

---

① 本章参阅：玉米产业链分析［EB/OL］. http：//wallstreetcn. com/node/249544；崔仕嵬. 白糖产业链与期货市场开发［EB/OL］. http：//wenku. baidu. com/view/648e91165f0e7cd1842536a4. html；董双伟. 棉花产业链（新）特点介绍［EB/OL］. http：//wenku. baidu. com/view/ff37fcffc8d376eeaeaa3101. html；姬广坡. 棉花产业链特点分析［EB/OL］. http：//www. docin. com/p－24771323. html；施利敏. 小麦产业链特点及开发建议［EB/OL］. http：//www. docin. com/p－8428616. html；李清芬. 早籼稻产业链分析［EB/OL］. http：//wenku. baidu. com/view/532ec1d233d4b14e852468a3. html；熊学华. 早籼稻产业链分析［EB/OL］. http：//doc. mbalib. com/view/5e8fe59162080c2d7527322dcf41f2e2. html。

过参与交易而从灾害中获利。目前，全球有数个交易所提供天气期货合约，包括伦敦国际金融期货期权交易所、芝加哥商品交易所和位于亚特兰大的洲际交易所等。大连商品交易所和国家气象中心合作开发的温度指数期货合约上市在即。大连商品交易所与东京金融期货交易所签署了合作谅解备忘录，将合作研发和推广天气衍生产品。香港政府与香港交易及结算所有限公司也开始开展相关调研工作，研究推出气候期货（包括温度指数、降雪指数及霜冻日数的期货合约）的可行性。中国现有相对丰富的农产品、能源化工期货品种，推出天气指数期货可有效规避气候对各行业带来的风险。

应对市场风险，一是套期保值，销售所生产的玉米现货的同时，利用期货市场反向操作，买入数量相当的玉米期货，可以起到对冲玉米价格波动的作用，从而锁定价格和利润，在一定程度上规避成本收益变动的风险。二是进行供求预测，根据总体供求状况决定种植生产的规模。三是分析商品金融化对玉米价格的冲击。

玉米上游产业链面临自然风险与市场风险，需要多元化化解，而期货公司在这双重风险化解中，可居于主导地位。期货公司可为上游企业提供气候、产业、供求信息，指导和培训产业客户，使其充分了解现货市场的状况；提高客户利用期货市场价格发现功能和对冲价格作用的意识，更好地了解玉米市场的价格变动，锁定价格，降低风险；提供天气期货服务。

二、中游产业链

中游产业活动主要是玉米加工（食品、工业原料的粗加工、深加工）、贸易流通。深加工企业特征是：大企业占优势，行业相对比较集中，深加工产品种类日益增加，环境污染问题较严重。流通企业特征是：总体落后，主体众多，流通成本较高；玉米流通存在产区贸易、跨区贸易和进出口贸易的明显差异；大量中小贸易商从众心理明显，投机性贸易行为较突出，容易引发市场价格的剧烈波动。贸易规模以产区贸易最大，跨区贸易次之，进出口贸易量不稳定，但历史上以出口为主。产区贸易是连接农户与产区深加工企业、饲料厂及其他各种用户（包括进入中央和地方储备）的桥梁，平衡农户分散生产与用户集中需求、玉米季节生产与用户常年需求之间的时空矛盾。跨区贸易是连接产区玉米与销区饲料厂、深加工企业的桥梁，满足饲料厂和深加工企业持续稳定的需求。进出口贸易平衡国内玉米供求矛盾，政策性强，受国内外市场和政策的双重影响。

期货公司可提供供求信息；提供产业政策信息（玉米深加工、进出口和托市收购等政策）；指导进行套期保值、期现套利。每年收获季节（10 月份以后）应当重点开发卖期保值企业，以加工商、贸易商为主。开发卖期保值企业以产区为主。我国玉米种植地域可划分为六个区：北方春播玉米区、黄淮海夏播玉米区、西南山地玉米区、南方丘陵玉米区、西北灌溉玉米区、青藏高原玉米区。北方春播玉米区和黄淮海夏播玉米区种植面积占中国玉米总面积的60%以上，是玉米主产区，其中东北是国内第一大玉米主产区，华北地区既是主产区又是主销区。卖方套期保值是为了防止现货价格在交割时下跌的风险而先在期货市场卖出与现货同样数量的合约所进行的交易方式。

卖期保值企业希望基差扩大：①现货价格和期货价格均下降，但现货价格的下降幅度大于期货价格的下降幅度，基差缩小，在现货市场上因价格下跌卖出现货蒙受的损失大于在期货市场上因价格下跌买入期货合约的获利；如果现货市场和期货市场的价格不是下降而是上升，在现货市场获利，在期货市场损失。但只要基差缩小，现货市场的盈利只能弥补期货市场的部分损失，结果仍是净损失。②现货价格和期货价格均下降，但现货价格的下降幅度小于期货价格的下降幅度，基差扩大，在现货市场上因价格下跌卖出现货蒙受的损失小于在期货市场上因价格下跌买入期货合约的获利。如果现货价格和期货价格不降反升，在现货市场获利，在期货市场损失。但只要基差扩大，现货市场的盈利不仅能弥补期货市场的全部损失，而且仍有净盈利。期货价格与现货价格的变动趋势是一致的，但两种价格变动时间和幅度不完全一致，在某一时间基差是不确定的。套期保值者必须密切关注基差变化。套期保值并非一劳永逸，基差的不利变化会给保值者带来风险。虽然套期保值没有提供完全的保险，但在一定程度上规避了价格风险。套期保值是风险交换，即以价格波动风险交换基差波动风险。

三、下游产业链

玉米产业下游主要是饲料业、分销商、零售商。饲料业企业特征是：企业数量众多；近几年大企业加速行业整合；饲料及其相关养殖产品安全问题严重。面临的主要风险是物流成本高，投机贸易引发价格风险，竞争、产品安全问题。

期货公司可为客户进行套期保值、期现套利服务，提供行业信息。销售季节（第一、四季度）重点开发买期保值企业，以贸易商为主。开发买期保值企业以销区为主，华北既是玉米主产区又是主销区。

买入套期保值者希望基差缩小：①现货价格和期货价格均上升，但现货价格的上升幅度大于期货价格的上升幅度，基差扩大，在现货市场上因价格上升买入现货蒙受的损失大于在期货市场上因价格上升卖出期货合约的获利。如果现货市场和期货市场的价格不是上升而是下降，在现货市场获利，在期货市场损失。但只要基差扩大，现货市场的盈利不仅不能弥补期货市场的损失，而且会出现净亏损。②现货价格和期货价格均上升，但现货价格的上升幅度小于期货价格的上升幅度，基差缩小，从而在现货市场上因价格上升买入现货蒙受的损失小于在期货市场上因价格上升卖出期货合约的获利。如果现货市场和期货市场的价格不是上升而是下降，在现货市场获利，在期货市场损失。但只要基差缩小，现货市场的盈利不仅能弥补期货市场的全部损失，而且会有净盈利。

四、玉米季节性

美国玉米价格具有较强的季节性特征，但中国玉米市场受政策调控，往往出现反季节性走势。玉米价格在每年收获季节（10 月份以后），农民集中售粮时期价格会出现下跌。随着农民余粮不断出售，经过各主体收购及企业大量消耗后，供应逐渐偏紧，第二年 3 月、4 月后价格会开始出现上涨。

但玉米期价实际走势具有较明显的反季节性，每年第一、四季度以上涨为主，第二、三季度以下跌为主，年内低点一般出现在第二季度末和第三季度初。影响玉米期价的最主要因素不是简单的季节性供应压力的出现，而是天气炒作和收储政策等较为复杂的多因素共同影响。

第一季度玉米供应充足，东北农户因购置年货而大量抛售玉米，但玉米期价仍能上涨主要是受政府收储政策及企业年前大量采购备货所致，到 3 月、4 月市场开始炒作大豆和玉米，可能使期价继续保持坚挺。进入第二季度市场除天气炒作外，基本面一般表现平淡，而且是玉米消费淡季，玉米最重要的生长期不在第二季度，天气炒作难以演绎出大行情。第三季度本应该是玉米青黄不接之时，玉米期价应该上涨，但此时正是政府玉米抛储打压价格最严重的时期，而且此时消费更为清淡，因为市场在预期新玉米上市供给压力加大，新玉米价格较陈玉米更有竞争力，期价一般提前作出下跌反应。第四季度新玉米开始上市后，政府会为保护农民利益而出台收储政策，而且农户在刚开秤时难以接受低廉的价格，整体会出现惜售心理，指望政府出台收储政策以提振价格，因此政策成为第四季度最大的炒作热点，期价往往以上涨为主。在分析玉米期货价格时，应该特别注意政策及天气因素。在各季度中，第四季度价格一般波动较大，投资机会较为丰富。产业服务在第四季度应特别注意玉米价格波动，采取措施管理价格风险。

玉米产业链分析见表 4－1。

表 4-1　玉米产业链分析

	企业	风险	风险控制	期货服务措施
上游	种植业	天气因素、成本收益（人工，生产资料）	供求预测，对冲价格，锁定价格	提供气候、产业、供求信息，利用期货市场价格发现功能，套期保值
中游	流通贸易、深加工	物流成本和交易成本高，资本风险，投机贸易引发价格风险，玉米供给不足，国家限制	降低流通成本，对冲价格，供求预测，宏观政策预测	提供供求信息，套期保值、期现套利，提供产业政策信息
下游	饲料业、分销商、零售商	物流成本高，投机贸易引发价格风险，竞争、产品安全问题	降低流通成本、对冲价格、行业分析、产品质量管理	套期保值、期现套利，流通管理，提供行业信息，质量管理

第二节　白糖产业链及服务模式

一、上游产业链

生产白糖的原料主要是甘蔗和甜菜，白糖产业上游主要是种植生产的蔗农、甜菜农。上游种植生产需要面临自然风险和市场风险。由于糖料用途单一，只能选择卖给糖厂，农户销售选择少，话语权较弱，销售量直接受限于糖厂的需求。

应对自然风险，可运用天气期货和保险工具，获取天气预测信息作为辅助参考。应对市场风险，一是套期保值，销售所生产的白糖现货的同时，利用期货市场反向操作，买入数量相当的白糖期货，可以起到对冲白糖价格波动的作用，从而锁定价格和利润，在一定程度上规避成本收益变动的风险；二是进行供求预测，根据总体供求状况决定种植生产的规模；三是分析商品金融化对白糖价格的冲击；四是上游应当尽可能同糖厂签订协议，获得糖厂贷款、预付糖料款、提供肥料、提供种源、糖料包收购等扶持措施，建立起长期合作关系。

白糖上游产业链自然风险与市场风险的多元化化解，期货公司可以提供气候、产业、供求信息；指导和培训农户尤其是大农户，使其充分了解现货市场的状况；提高大农户利用期货市场价格发现功能和对冲价格作用的意识，更好地了解白糖市场的价格变动，培育大农户进入期货市场，锁定价格降低风险；提供天气期货服务。

二、中游产业链

白糖产业中游主要是制糖、炼糖、物流、贸易商、食糖储备。制糖企业是白糖产业链核心，制糖成本主要是糖料收购费用，面临价格风险。炼糖厂生产相对同质化的产品（精制糖除外），价格差别不大。通过贸易商联销、分销，回笼资金，面临需求变动风险，需要期货套利交易。贸易商是形成现货价格的枢纽，广泛分布各地，需要期货进行套期保值、套利交易。国内白糖运输以铁路运输为主，辅以沿海内河航运以及公路货运。糖业物流部门面临降低物流成本问题，需要期货进行套期保值、套利。食糖储备企业进行收储、放储，面临降低库存成本问题，需要利用期货进行套期保值。

期货公司可提供现货产业信息资源，灵活运用期货市场的杠杆功能，为制糖企业提供套期保值、套利服务；为炼糖厂进行套利交易服务；为贸易商和物流部门提供套期保值、套利服务；为储备体系提供套期保值服务。

每年收榨期（2 月、3 月）应当重点开发卖期保值企业，以加工商、贸易商为主。开发卖期保值企业去产区：我国 18 个省区产糖，南方是甘蔗糖，北方是甜菜糖。白糖产地主要集中在广西、云南、广东、海南、黑龙江、新疆、内蒙古等省和自治区。卖期保值企业希望基差扩大，逻辑同前文。

三、下游产业链

白糖产业下游主要是销售贸易、消费（居民、含糖食品企业）。糖厂销售相对同质化的产品，价格差别不大；通过贸易商联销、分销、直销大型食品加工企业。面临的风险主要是价格风险，物流成本高，库存成本高。

期货公司可为客户提供现货产业信息资源；为客户进行套期保值、套利服务；灵活运用期货市场杠杆功能，为贸易商提供套期保值、套利交易服务；为终端用户（含糖食品企业）提供买入保值服务。销售季节（每年 12 月至次年 3 月为销售高峰）重点开发买期保值企业，以贸易商为主。开发买期保值企业去销区。买入套期保值者希望基差缩小，逻辑同前文。

四、白糖季节性

我国食糖生产具有非常强的周期性。食糖生产大致上以 5 ~ 6 年为一个生产周期：基本上是 2 ~ 3 年连续增产，接下来的 2 ~ 3 年连续减产。我国食糖的生产销售从每年 10 月到次年 9 月，甜菜制糖生产期为每年 10 月开始至次年 3 月左右；甘蔗制糖生产期从每年 11 月开始至次年 4 月左右。每年 11 月至次年 4 月、5 月为集中生产期，开榨时间由北向南各不相同，甘蔗糖厂中江西、湖南两省 10 月底或 11 月初开榨，广西、广东、海南等省区 11 月中或 12 月初开榨，云南省 12 月底或次年 1 月初开榨，到次年 4 月至 6 月结束。进入 3 月一般是季节性的收榨期，白糖的库存将逐渐走向一年中的最高。与此同时，消费却开始进入一段低迷的时期。

我国白糖全年均为销售期，每年 12 月至次年 3 月为销售高峰，超过全年销量的 30%。第二季度和第三季度销量接近，分别占四分之一左右。第四季度往往要消化一些陈糖库存，新糖销量很少，此时供应量降至最低，库存较少，很可能出现青黄不接的情况。

食糖消费具有明显的季节性特点：即夏季饮料消费高峰和“中秋”“春节”双节消费高峰。一年中，“春节”和“中秋”是我国白糖消耗最大的节假日，此时糖价往往看涨。

白糖产业链分析见表 4－2。

表 4－2　白糖产业链分析

	企业	风险	风险控制	期货服务措施
上游	蔗农、甜菜农	天气因素、成本收益（糖料用途单一，只能选择卖给糖厂）	糖厂采取贷款、预付糖料款、提供肥料、提供种源、糖料包收购等扶持措施	提供气候、产业、供求信息
中游	制糖、炼糖、物流、贸易商、食糖储备	价格风险、物流成本、库存成本	降低物流和库存成本、对冲价格	提供现货产业信息资源，套保套利为主，灵活运用期货市场杠杆功能；制糖企业套期保值、套利；炼糖厂套利交易；贸易商套期保值、套利交易；糖业物流部门保值、套利；储备体系套期保值
下游	销售贸易、消费（居民、含糖食品企业）	价格风险、物流成本、库存成本	降低物流和库存成本、对冲价格	提供现货产业信息资源，套保套利为主，灵活运用期货市场杠杆功能；贸易商套期保值、套利交易；终端用户（含糖食品企业）买入保值

第三节 棉花产业链及服务模式

一、上游产业链

棉花产业上游主要是棉农。上游种植生产面临自然风险、市场风险和政策风险等。自然风险主要是气候、自然灾害等，气候包括气温、日照、降雨、降雪等。市场风险主要是劳动力、生产资料价格波动，棉花需求与销售状况波动，使成本收益不稳定；棉花产量集中，主要在新疆、冀鲁豫、湖北等，受上年度棉花价格影响，种植面积不稳定。政策风险主要是农业政策变动带来的风险；上游严重依赖进口，受贸易政策影响大。

应对自然风险，主要是进行天气风险管理和灾害风险管理，可运用天气期货和保险工具，获取天气预测信息作为辅助参考。应对市场风险与政策风险，一是套期保值，销售所生产的棉花现货的同时，利用期货市场反向操作，买入数量相当的棉花期货，可以起到对冲棉花价格波动的作用，从而锁定价格和利润，在一定程度上规避成本收益变动的风险；二是进行供求预测，在充分研究棉花的播种面积、气候条件、生长条件、生产成本、总体供求状况及农业政策等因素的变动情况后，决定种植生产的规模，较合理地预测当期产量；三是分析商品金融化对棉花价格的冲击。

期货公司可以提供气候信息、供求信息，提供农业政策信息以及政策变动预测，提供进出口量变化信息，特别是通过价格信息，预测种植面积和当期产量；使上游种植业及时了解和掌握国际棉花形势、价格水平、进口政策的变化等，提供棉纱主要替代品化纤价格的变化信息（直接影响棉纱的需求，间接影响棉花需求量和棉花价格），预测国内价格；利用期货市场价格发现功能，帮助了解供求状况；提供培训，培育潜在大农户客户参与期货市场套期保值；提供天气期货服务。

二、中游产业链

棉花产业中游企业主要是轧花厂、贸易商。中游企业严重依赖进出口，受汇率、关税影响大；加工、贸易环节混乱，外商渗透强；受国家储备影响大。

期货公司可为其提供套期保值服务；提供汇率、关税等宏观经济信息；提供国家产业信息。棉花是季节生产、全年消费的农作物，有其自身特点，每年收获季节（10 月以后）应当重点开发卖期保值企业，以加工商、贸易商为主；开发卖期保值企业去产区：新疆、冀鲁豫、湖北等。开发卖期保值企业，以宣传现货、期货价差为主，以宣传仓单制作经验为主，以解决企业实际问题为主，以宣传套期保值为主。开发投资者，以宣传品种特性为主。开发国外棉商，以公司规模和实力为主。卖期保值企业希望基差扩大，逻辑同前文。

三、下游产业链

棉花产业下游主要是纺织企业（纱、布）、服装企业。下游纺织企业关注中间价格，而非绝对价格问题；服装企业面临转移成本、调整结构等问题。下游企业对外依存度高，受汇率、关税影响大；受国家储备影响大。应当着力对冲价格，进行宏观经济政策预测。

期货公司可为客户进行套期保值服务；提供汇率、关税等宏观经济信息；提供国家产业信息。棉花是季产年销的商品，具有其自身特点，每年销售季节（5 月以后）：重点开发买期保值企业，以纺织企业、贸易商为主。开发买期保值企业去销区：江苏、浙江、山东等。开发买期保值企业，以宣传利用期货、锁定生产成本、捕捉期货超跌机会为主。开发投资者，以宣传品种特性为主。开发国外棉商，以公司规模和实力为主。买期保值者希望基差缩小，逻辑同前文。

四、棉花季节性

每年 4—10 月是棉花生产阶段，8—10 月的天气情况，是决定棉花产量和质量的关键因素，是期货公司要关注的首要因素。每年 10 月至次年 5 月是加工阶段，每年 10 月至次年 7 月是流通阶段，纺织全年进行。

棉花产业链分析见表 4－3。

表 4－3　棉花产业链分析

	企业	风险	风险控制	期货服务
上游	棉农	产量集中、种植面积不稳定	供求预测	提供气候、供求信息；利用期货市场价格发现功能
中游	轧花厂、贸易商	严重依赖进出口，受汇率、关税影响大；中间加工、贸易环节混乱，外商渗透强；受国家储备影响大	对冲价格、宏观经济政策预测	套期保值；提供汇率、关税等宏观经济信息；提供国家产业信息
下游	纺织企业（纱、布）、服装企业	对外依存度高，受汇率、关税影响大；受国家储备影响大	对冲价格、宏观经济政策预测	套期保值；提供汇率、关税等宏观经济信息；提供国家产业信息

第四节 小麦产业链及服务模式

一、上游产业链

小麦产业上游主要是农民、种粮大户、农场。种植生产者主要面临自然风险和市场风险。应对自然风险，主要是进行天气风险管理和灾害风险管理，可运用天气期货和保险工具，获取天气预测信息作为辅助参考。应对市场风险，一是套期保值，销售所生产的小麦现货的同时，利用期货市场反向操作，买入数量相当的小麦期货，可以起到对冲小麦价格波动的作用，从而锁定价格和利润，在一定程度上规避成本收益变动的风险；二是进行供求预测，根据总体供求状况决定种植生产的规模；三是分析商品金融化对小麦价格的冲击。

期货公司可以提供气候、政策、进出口信息；提供行业分析信息，进行供求预测；利用期货市场价格发现和套期保值功能；提供天气期货服务。从现货情况来看，目前国产优质强筋小麦年末库存量较少，价格主要取决于当年产量。从供需来看，优质小麦的需求呈稳步上升态势，且具有很强的刚性；另一方面，强筋小麦品质更易受气候等因素的影响，强筋小麦价格对种植面积、气候和进出口量等因素敏感。

二、中游产业链

小麦产业中游主要是中储粮公司、其他国有粮食企业，贸易商、粮食经纪人，制粉企业、食品加工企业。小麦关系国计民生，受政策调控影响大，中游企业收购及储存环节面临的风险主要是国家储备、价格支持（托市收购）、价格控制（托市拍卖）、贸易量；加工环节风险主要是原料成本高、利润低。国内小麦产销基本平衡，政策隔离，价格趋势多区间震荡，季产年销，价格呈现季节性波动。

期货公司提供服务时，流通环节注意套期保值不等于交割，区分现货和期货，硬麦注重小麦数量，强麦注重小麦品质；加工环节应为原料进行买期保值。每年收获季节（7 月为供应旺季）应当重点开发卖期保值企业，以加工商、贸易商为主。开发卖期保值企业去产区：我国冬小麦面积约占小麦总面积的 90% 以上，主要分布在长城以南，岷山、唐古拉山以东的黄河、淮河和长江流域，包括河南、山东、河北、江苏、四川、安徽、陕西、湖北、山西等省份。我国春小麦面积占小麦总面积不到 10%，主要分布在长城以北，岷山、大雪山以西的黑龙江、内蒙古、甘肃、新疆、宁夏、青海等省（自治区）。卖期保值企业希望基差扩大，逻辑同前文。

三、下游产业链

小麦产业下游主要是饲料企业、工业企业。面临的风险主要是原料成本高、利润低；采购质量、技术问题；销售情况的不确定性。

期货公司服务于加工环节客户时应为原料进行买期保值。销售季节重点开发买期保值企业，以贸易商为主。开发买期保值企业去销区。买期保值者希望基差缩小，逻辑同前文。

四、小麦季节性

小麦季产年销，价格呈现季节性波动。7 月为供应旺季，价格最低；9 月开始进入消费旺季，现货价格上升，春节左右是消费高峰期，价格为年内最高；春节过后价格回落，4—5 月青黄不接，价格反弹，之后回落到 6—7 月。受政策、天气等其他因素影响，该规律会有变化。

小麦产业链分析见表 4 – 4。

表 4 – 4　小麦产业链分析

	企业	风险	风险控制	期货服务
上游	农民、种粮大户、农场	自然风险、市场风险	对冲价格、供求预测	提供气候、政策、进出口、供求信息；利用期货市场价格发现和套期保值功能
中游	中储粮公司、其他国有粮食企业，贸易商、粮食经纪人，制粉企业、食品加工企业	收购及储存环节风险：国家储备、最低收购价、贸易量；加工环节原料成本高、利润低	提供产业信息、利用期货市场锁定价格和利润	流通环节：注意套期保值不等于交割，区分现货和期货，注重硬麦、强麦；卖期保值
下游	饲料企业、工业企业	原料成本高、利润低；采购质量、技术问题；销售情况的不确定性	利用期货市场锁定价格和利润、质量管控、销售策略	为原料进行买期保值

第五节 早籼稻产业链及服务模式

一、上游产业链

早籼稻产业上游主要是农户、种粮大户、农业合作社、农业垦殖场、劳改农场、粮食企业+订单农业、大型农业集团+生产基地。

上游种植生产企业主要面临自然风险、市场风险和政策风险。自然风险主要是气候、自然灾害等，气候包括气温、日照、降雨、降雪等。市场风险主要是劳动力、生产资料价格波动，早籼稻需求与销售状况波动，使成本收益不稳定（分散的农户种粮收益很低，粮价的上涨被成本上升所抵销；主要成本：种子、化肥、农药、人工）；订单毁约风险。政策风险主要是指早籼稻受政府收储政策①影响较大，一旦启动政策性调控，收购量大（60%～80%），对价格影响较大。

应对自然风险，主要是进行天气风险管理和灾害风险管理，可运用天气期货和保险工具，获取天气预测信息作为辅助参考。应对市场风险，一是套期保值，销售所生产的早籼稻现货的同时，利用期货市场反向操作，买入数量相当的早籼稻期货，可以起到对冲早籼稻价格波动的作用，从而锁定价格和利润，在一定程度上规避成本收益变动的风险；二是进行供求预测，根据总体供求状况决定种植生产的规模；三是提高收益发展方向：规模化、机械化、品牌化，机种机收降低人工费用、提高单产；四是分析商品金融化对早籼稻价格的冲击；五是通过与中游收购企业建立长期合作关系，与信誉较强的企业合作，购买保险等降低毁约风险。应对政策风险，应当进行宏观政策预测，尤其是收储政策预测。

期货公司可为上游企业提供气候、政策信息（尤其是收储政策）、进出口信息；提供行业分析信息，帮助客户了解行业供求状况；利用期货市场价格发现和套期保值功能；提供天气期货服务。

二、中游产业链

早籼稻产业中游主要是收购企业，储备、加工企业。收购企业面临的风险主要是国有成分重、竞争主体多，缺乏资金；储备企业则国有占主导，受

---

① 政策性储备要求，中央储备粮即专储粮定期轮换。轮换时间：2至3年一轮换，每年1/3，杜绝陈化粮，轮换规律一般是在上半年轮出较多，3月份订计划，稻谷上市前轮出。上半年轮出、下半年集中轮进，8月份开始补库，10月份一般补库结束。地方储备粮即省、市、县级储备已经基本完成多级储备体系建设。轮换时间与专储相似。

政策、轮入和轮出价格影响大；加工企业民营占主导，受轮入和轮出价格影响大，利润低，面临资本、库存、质量风险。

期货公司可以为产业客户提供收购储备等产业信息；为客户进行套期保值服务；利用期货市场价格发现功能；开展银期企三方合作。每年收获季节（7 月中旬收割，8 月大量上市）应当重点开发卖期保值企业，以加工商、贸易商为主。开发卖期保值企业去产区：早籼稻种植地区分布在海南、广东、广西、福建、江西、湖南、湖北、安徽、浙江、云南、四川、贵州、重庆等 13 个省、市、自治区，湖南、湖北、江西、广东、安徽、浙江、广西、福建是全国早籼稻的主产省份，其中湖南、广西、江西、广东是全国早籼稻种植面积最大的 4 个省（自治区），播种面积占全国的 80%，加上湖北和安徽，6 省（自治区）播种面积和产量占全国 90% 左右，决定着全国早籼稻播种面积的大局。卖期保值企业希望基差扩大，逻辑同前文。

三、下游产业链

早籼稻产业下游主要是分销商、零售商、口粮消费企业。面临的风险主要是竞争激烈，受轮入和轮出价格影响大，利润低。

期货公司可以为客户提供产业信息；进行套期保值服务；利用期货市场价格发现功能帮助客户了解行业供求状况，制定合理的竞争策略。销售季节重点开发买期保值企业，以贸易商为主。买期保值者希望基差缩小，逻辑同前文。

四、早籼稻季节性

早籼稻季产年销，价格具有明显的周期波动特征。大部分主产区是 3 月底 4 月初开始育秧、4 月中下旬移栽，7 月中旬收割，8 月大量上市。每年 12 月至次年 1 月、2 月为消费的旺季，早籼稻价格上涨；3 月、4 月为季节性消费淡季，早籼米消费也处于淡季，价格比较低迷；5 月、6 月为青黄不接时期，价格开始回升；7—9 月三个月处于早籼稻收购旺季，但由于收购竞争激烈，往往价格相对较高，早籼稻价格通常上涨。中晚籼稻上市后，10 月、11 月早籼稻收购结束，价格开始逐步回落。具体情况不完全一样，有时也会出现反季节行情。

早籼稻产业链分析见表 4 - 5。

表 4-5 早籼稻产业链分析

	企业	风险	风险控制	期货服务
上游	农户、种粮大户、农业合作社、农业垦殖场、劳改农场、粮食企业+订单农业、大型农业集团+生产基地	自然风险、市场风险、政策风险	宏观政策预测	提供气候、产业政策信息
中游	收购企业，储备、加工企业	收购：国有成分重、竞争主体多，缺乏资金；储备：国有占主导，受政策、轮入和轮出价格影响大；加工：民营占主导，受轮入和轮出价格影响大，利润低，面临资本、库存、质量风险	通过参与期货市场进行融资；产业政策预测；对冲价格；提高产品附加值；降低库存成本；质量管控	提供收购储备等产业信息；套期保值；利用期货市场价格发现功能；银期企三方合作
下游	分销商、零售商、口粮消费企业	竞争大、受轮入和轮出价格影响大、利润低	行业分析；对冲价格	提供产业信息；套期保值；利用期货市场价格发现功能

第六节　农产品类全产业链服务模式

一、上游企业服务模式

期货公司服务农产品产业链上游可采用模式：涉农龙头企业+金融机构+期货公司/期货交易所。通过“公司+农户”模式，借助涉农龙头企业，以订单方式把农户整合在一起，通过订单形式使农户风险转移集中到龙头企业，农产品期货市场为龙头企业提供转移风险的途径，即“订单+期货”模式。

龙头企业在金融机构开立期货账户，由金融机构进行企业期货业务核算，进行相应评估贷款工作；由期货公司和期货交易所协助金融机构对交易资金进行监管。

期货公司根据龙头企业自身现货业务特点及对市场趋势分析，为企业拟订期货套期保值交易方案：农户在种地时或农作物正在生长还没有收割时，期货市场已给出收获季节的远期价格，经过成本比较，如果认为利润比较理想就可在期货市场卖出，将利润锁定，实现预期收益；农户种植量相对充裕的可以合理采用“交割＋平仓式套期保值”操作，能够降低套期保值成本。期货公司通过综合分析上年农产品市场相关信息，对农户本年所需要种植的品种进行指导，合理改善农产品种植结构。

金融机构根据拟订的套期保值方案及企业实际情况，核定贷款企业参与套期保值资格。在套期保值交易结束后，经交易所结算、企业认定，由期货公司将其保证金余额全部直接划入企业在金融机构的账户。金融机构将企业期货损益与对应的现货业务损益合并处理后，一并收回期货、现货业务的贷款。

农产品上游产业链分析见表4－6。

表4－6　农产品上游产业链分析

	主体	风险	风险控制	期货服务
棉花、白糖、玉米、小麦、早籼稻	农户；大型种植户、农场、垦殖场等；农业合作社；粮食企业＋订单农业、大型农业集团＋生产基地	自然风险、市场风险、政策风险	套期保值、供求预测、对冲价格、锁定价格；采取贷款、预付货款、提供肥料、提供种源、收购等措施；宏观政策预测	提供气候、政策、供求、进出口信息；提供行业分析信息，帮助客户了解行业供求状况；利用期货市场价格发现和套期保值功能

二、中游企业服务模式

期货公司服务农产品产业链中游可采用的模式：协助贸易企业制订贸易计划→协助企业进行库存管理→签订远期销售合同。

期货公司利用农产品期货价格发现功能为进出口企业制订贸易计划。由于期货价格综合反映市场预期，期货市场形成的价格具有权威性和前瞻性。期货公司服务于贸易企业最直接的方式就是利用期货价格走势指导进出口企业进行贸易计划，安排相应资金。如果通过分析判定农产品期货价格是上涨趋势，贸易商就可以正常地购销，中间跌价风险小，有必要尽早筹措收购资金，加大收购量，积极联系买家。如果农产品期货价格表现疲软甚至下跌，贸易商就需要尽可能地与买方签署好供货合同，约定相对有利的销售价格，在现货采购环节根据合同量采购，降低大量采购带来的价格下跌风险。贸易企业在原材料采购、运输过程中会遇到运费波动和气候变化等各种因素的影响，导致产品到港价格变化，期货公司应该参考波罗的海指数，参与海运掉期合约交易以及汇率期货期权对在运产品进行套期保值。

期货公司帮助贸易企业在收购量难以提高的情况下实现“虚拟采购”。由于市场收购主体增多、收购竞争激烈，农产品在某些月份会出现货源紧张的情况，导致短期内收购价格大幅上涨，同时竞相抢购也使贸易商很难采购到足够货源，这时可以利用期货市场进行买入套期保值。预期价格上涨情况下，贸易商通过买入套期保值投资策略可以有效锁定采购成本，满足购销合同的需要，实现预期贸易利润。

期货公司协助贸易企业进行库存管理，提高资金效率。对许多大型经营性农产品购销企业来说，如果库存过高，一方面需要付出高额存储成本；另一方面会大量占用资金，影响企业的投资回报率。通过适当卖出套期保值与现货交割相结合，可有效解决这一困难。近期价格较远期价格高，而且期货市场价格稳中趋升，则应该卖出近期交割，买进远期交割提货，否则通过现货补库是较好的选择。

现货销售不畅，期货公司采取相应措施规避价格下跌风险。在期货价格相对高位时，贸易公司应与需求企业签订远期合同，稳定未来收益；合理利用农产品期货管理贸易风险是企业经营的重要组成部分。

农产品中游产业链分析见表4－7。

表4－7　农产品中游产业链分析

	主体	风险	风险控制	期货服务
玉米	玉米加工、贸易流通	物流和交易成本高、资本风险、投机引发价格风险、供给不足、国家限制	降低流通和库存成本、进行供求预测、宏观经济政策预测、了解产业信息、利用期货市场锁定价格和利润	提供供求信息；灵活运用期货市场杠杆功能，套期保值、期现套利；提供现货产业政策信息；提供汇率、关税等宏观经济信息
白糖	制糖炼糖厂、物流、贸易商、食糖储备	价格风险、物流成本、库存成本		
棉花	轧花厂、贸易商	进出口依赖程度高，受汇率、关税影响大；中间加工、贸易环节混乱，外商渗透强；易受国家储备影响		
小麦	中储粮公司、国有粮食企业，贸易商、粮食经纪人，制粉企业、食品加工企业	收购及储存环节风险：国家储备、最低收购价、贸易量；加工环节原料成本高、利润低		

（续上表）

	主体	风险	风险控制	期货服务
早籼稻	收购企业，储备、加工企业	收购竞争主体多，缺乏资金；储备受政策、轮入和轮出价格影响大；加工受轮入和轮出价格影响大、利润低，面临资本、库存、质量风险	通过参与期货市场进行融资；国家产业政策预测；对冲价格；提高产品附加值；降低库存成本；质量管控	提供国家收购储备等产业信息；套期保值；利用期货市场价格发现功能；银期企三方合作

三、下游企业服务模式

期货公司对企业的流动库存、采购计划、销售周期进行详细了解和实时跟踪，据此为企业制订出个性化的产品保值服务方案。

期货公司要直接协助企业建立适应现货与期货结合的管理架构，成立相关的部门，期货公司的专家直接参与到企业的需求分析过程中，发现企业利用期货的切入点，再为企业制订期货操作的计划。企业期货交易部门根据交易计划实施操作；企业财务部门应在期货公司专家小组的协助下控制好企业的生产和现金情况信息，保证资金链安全。

期货公司指导企业搞好库存管理。期货市场的出现使得企业的库存结构转变为“现货＋期货头寸”。针对企业库存的调整，期货公司即在保证正常生产所需总库存量不变的前提下，由专家小组根据现货、期货市场的价格，按一定比例存储调整企业的“现货＋期货头寸”，企业本身的生产计划和财务管理应进行相应的调整。具体操作：在远期贴水的情况下，现货持有量减少，期货持仓增加，由于期货具有保证金交易的特点，企业的资金占用大量减少，资金成本大幅降低；在远期升水的情况下，企业补满库存，期货公司可以根据企业的具体状况，再通过银行进行仓单质押，可以解决企业资金周转问题。

期货公司协助改变企业采购模式。企业在现货市场进行采购，需要占用大量的资金及库容。期货公司需要根据企业需要，让企业采取灵活的采购方式，按一定比例在现货、期货两个市场同时进行采购。在当地报价对期货价格加运费处于升水状态时，企业可以维持低库存状态，减少现货购买，持有期货仓单。如果升水降低，企业可以在当地购买现货，卖出期货；如果升水不变或者提高，企业可以接收仓单。在当地报价对期货价格加运费处于贴水状态时，企业可以补满库存，同时在期货市场卖出合约，锁定价差利润，在价格回归后再平仓。

期货公司协助改变企业销售模式。期货公司利用期货的价格锁定功能，帮助企业开拓远期订单业务。企业客户根据订单的数量、接受的价格及要求的交货时间，在签订远期销售合同的同时，在期货市场上买进期货合约，锁定采购成本。提高合同订单生产数量占公司销量的比重，这对企业提高生产计划和管理水平，降低生产成本，最大限度发挥产能都有积极的促进作用。

跨品种套利分析：对有较强替代关系的农产品，当某种产品价格相对其他品种上涨时，相对低廉的品种需求开始增加，最终导致两个品种间价格差异回归到合理区间内，从而为投资者进行相关品种套利提供机会。期货公司可提供套利方案及建议。

农产品下游产业链分析见表4－8，期货公司服务农产品产业客户分析见表4－9。

表4－8　农产品下游产业链分析

	主体	风险	风险控制	期货服务措施
玉米	饲料业、分销商、零售商	物流、库存成本高，投机贸易引发价格风险，竞争激烈，产品安全问题	降低流通、库存成本，利用期货市场对冲价格，行业分析，产品质量管理	套期保值、期现套利；流通管理；提供行业信息；质量管理
棉花	纺织企业（纱、布）、服装企业			
白糖	销售贸易、消费（居民、含糖食品企业）			提供产业信息；灵活运用期货市场杠杆功能，套保套利为主；贸易商套期保值、套利交易；终端用户（含糖食品企业）买入保值
小麦	饲料企业、工业企业	原料成本高、利润低；采购质量、技术问题；销售情况的不确定性	利用期货市场锁定价格和利润、质量管控、销售策略	为原料进行买期保值
早籼稻	分销商、零售商、口粮消费企业	竞争激烈、受轮入和轮出价格影响大、利润低	行业分析、利用期货市场对冲价格	提供产业信息；套期保值；利用期货市场价格发现功能

表 4－9　期货公司服务农产品产业客户分析

	企业	风险	风险控制	期货服务
上游	农产品育种、种植生产、采摘、交售	天气因素、成本收益（人工、生产资料）	对冲价格；承包、收购锁定价格；市场供求预测	提供气候影响、产业政策等信息；市场供求分析；利用期货市场价格的发现功能，套期保值
中游	加工（食品、工业原料粗加工、深加工）、贸易流通	价格风险（收购、销售）、库存风险	对冲原材料价格上涨；降低库存成本	风险规避—套期保值：价格上的保值、库存管理；期现套利—仓单：仓单加工
下游	消费、销售企业	价格风险、库存风险、资本风险	成本控制；库存管理：虚拟、实体结合；利润锁定：下游订单；期货融资	参与期货市场套期保值以及银期企三方合作

第七节　模式创新：天气风险管理

近年来，我国农产品价格剧烈波动，出现脱离实际供求关系的趋势，呈现出金融化特征。极端天气是农产品金融化的重要推手之一。这导致农产品面临的天气风险与市场风险交织在一起，增加了风险化解的难度。需要运用市场机制和金融工具，有效管理天气风险。我国应构建系统的天气风险管理体系，主要包括天气衍生品、天气指数保险与巨灾债券；同时要健全相关支持系统。

一、农产品出现金融化趋势

近年来，我国农产品价格剧烈波动，呈现一片乱景："豆你玩""蒜你狠""姜你军""辣翻天""糖高宗""玉米疯""苹什么""棉里藏针""向前葱"……这表明，农产品价格出现脱离实际供求关系的趋势，呈现出金融化特征。

农产品金融化表明，农产品价格不仅仅是由农产品市场供求决定，而更多是由金融资本主导。近年来金融资本开始大量进入农产品市场，其价格基本脱离了自身的市场供求，而由金融资本主导，价格波动较大。农产品金融化使得农产品价格变得扑朔迷离，并对其他产业产生巨大的关联效应。

二、极端天气是农产品金融化的重要推手

农业是一个弱质行业，面临着自然风险和市场风险。其中，自然风险尤其是天气风险明显大于其他行业。近年来，全球气候恶化，天气急剧变动引发农业自然灾害频发，破坏程度愈演愈烈。据统计，过去30年天气灾害对发展中国家所造成的损失每年约占GDP的0.69%，对发达国家所造成的损失每年约占GDP的0.08%。洪水、干旱、冷冻等天气灾害所造成的经济损失约占我国所有自然灾害造成损失的70%，每年因天气灾害造成农作物受灾面积达5 000万公顷，损失约占GDP的1% ~3%。

天气问题不仅仅是一个自然问题，更是一个经济问题。金融机构利用天气灾害进行概念炒作，改变人们的心理预期，可以放大农产品的供求缺口，使价格脱离实体供求，出现金融化趋势。这样，天气风险放大了农产品的市场风险，使自然风险与市场风险交织在一起，增加了风险化解的复杂性。2010年资本市场利用我国西南地区干旱炒作农产品价格，2012年利用山东气候异常炒作大葱价格与利用美国干旱天气炒高大豆价格，都是天气风险放大市场风险的具体表现。

2010年春天，广西、重庆、四川、贵州、云南5省、市、自治区出现大旱。资本市场立即炒作“干旱”概念，造成粮食价格上涨，提升通胀预期。西南地区是我国甘蔗主要产区，那次灾害中云南省甘蔗受灾面积达340万亩，约占全省甘蔗总面积的80%，损失甘蔗350万吨。资本市场借机推高糖价。2012年春天，山东大葱因北方持续低温、南方阴雨绵绵，光照不足，延长了大葱的生长周期，造成减产。资本市场趁机炒作，推高葱价。

2012年7月1日，美国国家气象局发布热浪警告，称过去一周美国各地打破1 600项高温纪录。华尔街投行高盛集团立即宣布上调对相关农产品的价格预测，其中玉米、大豆和小麦首当其冲。由于资本市场的推波助澜，美国玉米价格6个月内累计上涨14%，小麦价格上涨18%，大豆价格上涨6.5%。

近年来，极端天气事件频现。每一次事件，都成为资本市场炒作某种大宗商品的理由。可见，在天气风险与市场风险交织在一起形成复杂局面的情况下，气象应急需要常态化，天气风险管理应该常态化。

三、天气风险管理是应对农产品金融化冲击的重要手段

风险化解是现代农业发展必不可少的组成部分。目前，我国化解农业天气风险的主要路径有：风险自救、政府救济、农业保险和农产品期货。但由于种种原因，目前我国农业天气风险绝大部分不能得到有效管理，亟待创新。

由于农产品金融化与天气风险交织在一起，更需要金融创新。农产品金融化为天气风险管理带来了新的思路。我国是自然灾害频发的国家之一，农业受天气因素影响很大。随着天气预测的准确性提高和农产品金融化带来的大量金融资本，可以运用市场机制和金融工具如天气期货、期权、互换合约、保险等金融衍生工具来进行天气风险管理。

天气风险发生频率较高，是一种系统性风险，难以依靠自身努力加以回避；同时，也是一种数量风险，天气变化影响商品供给量与需求量的变化，从而影响经营主体的现金流和利润。天气衍生工具作为一种特殊的风险管理工具，可被广泛地用来规避天气风险，其价值取决于诸如温度、湿度或降雨量等天气指数变化。目前，多数天气衍生工具合约是建立在某个具体城市的温度指数基础上的互换、期货或期权。

第一个柜台交易天气衍生工具合约于1997年诞生在美国。当时，“厄尔尼诺”现象使许多企业需要对冲天气风险。美国科赫能源与安然公司以美国密尔沃基州1997—1998年的冬季气温为参考，设计了一个天气衍生品交易，标志着天气衍生品市场的启动。芝加哥交易所于1999年、伦敦国际金融期货交易所于2001年、东京国际金融期货交易所于2006年分别推出基于气温的期货交易指数。

不同产业在不同季节有不同需求，可通过天气市场进行买卖交易，凭借天气衍生工具操作以化解风险。比如，一家玉米种植企业担心高温使玉米减产，可根据自己的风险均衡点，择机买入温度指数期货。若出现高温致使减产，期货市场温度指数上涨，将期货合约平仓后就能获利，在一定程度上化解高温带来的风险。

许多国家和地区进行了天气衍生工具的设计与实施。美国农业保险公司把降雨量指数与玉米挂钩设计衍生品，加拿大农业金融服务公司以天气湿度为参考指标设计衍生品，墨西哥利用温度和降雨量推出与农作物保险相关的天气指数，世界食品项目组织在埃塞俄比亚试点天气衍生品。

四、构建系统的天气风险管理体系

由于农产品的天气风险与市场风险交织在一起，农产品金融化影响错综复杂，需要构建系统的天气风险管理体系，以应对其冲击。从境外的实践看，天气风险管理的主要手段包括天气衍生品、天气指数保险与巨灾债券。应大力发展与天气风险相关的保险市场和期货、期权市场。

1. 天气衍生品

天气衍生品是一种用来规避天气风险的金融工具，其交易标的是与天气有关的指数如降雨量、温度、降雪量等，其合约依据是气象部门所提供的客观数据。它降低了道德风险和逆向选择问题的发生，有利于农业生产者对天气风险进行风险转移和套期保值。目前中国已初步建立了门类比较齐全、布局基本合理的气象综合探测系统，具备了推出天气衍生品的基础条件。应设计影响大、覆盖广、易测度的天气指数作为天气衍生品，如可选择温度、降雪和降雨这三类指数，温度衍生品可适用于全国，降雪量衍生品主要适用于北方地区，降雨量衍生品主要适用于南方地区。

可先推出天气期货，后推出天气期权与互换。天气期货是目前气象服务的高级商业模式，属于非物质期货交易品种，可以帮助易因天气变化而遭受损失的企业规避天气风险，甚至通过参与交易而从灾害中获利。中国现有相对丰富的农产品期货品种，推出天气指数期货，可以有效规避气候对农业带来的风险。天气期权是一种期货期权，即投资者在未来某一日期有权买卖某一个天气指数期货合同。它是欧式期权，买方只能在到期日行使权利，不能提前执行。在合约执行日，官方发布天气记录，期权合约进行结算。互换是指交易双方为交换风险而签订的一种合约。互换要求交易者在天气指数上升到某一特定水平之上（或下降到某一个特定水平之下）时进行赔付，同时授权该交易者在天气指数下降到同样的水平之下（或上升到同样的水平之上）时获得赔付。该交易者既可能是赔付者也可能是受赔者。

2. 天气指数保险

天气指数保险（或气象指数保险）是指把一个或几个气候条件对农作物的损害程度指数化，每个指数都有对应的农作物产量和损益，保险合同以该指数为基础，当指数达到一定水平并对农产品造成一定影响时，投保人就可获得相应赔偿。天气指数包括降雨量、气温、相对湿度或这几种指数的综合品种。

天气指数保险按实际天气事件赔付，比如按降雨指数低于约定指数的偏差支付，依据的是客观独立的气象指标与约定承保指标，保险权益标准化程度高，有利于降低交易成本与道德风险，有利于推动农户风险控制财务体系的构建。

天气指数保险产品设计必须精确计算当地主要天气灾害风险与农作物产量关联度，搜集当地长期气象与农业数据。这需要政府部门与保险企业加强合作，建设气象观测点，搜集并研究长期历史数据，研究不同天气现象对农作物生长的影响，为天气指数保险提供基础理论和数据支撑。

3. 巨灾债券

巨灾债券是转移灾难性天气风险的金融衍生品，是保险连接证券的一种。发行方通过发行债券将巨灾风险转移至资本市场的保险证券化产品上。

中国极端天气灾害频发，损失巨大。发行巨灾债券是转移和分散自然灾害风险的有效途径之一。中国可借鉴国际经验，通过国际上具有影响力的再保险公司等巨灾债券承销商的协助，在国际资本市场上发行巨灾债券，将巨灾风险分散到更大的资本市场。可利用天气指数保险的标准化特性，设计基于天气指数保险的巨灾债券，通过资本市场实现天气指数保险的再保险。巨灾债券在设计时需要使用巨灾模型来分析各种可能性以确定价格，需要开发雷阵雨、雪灾及洪水等巨灾模型，并健全相关数据库。

4. 构建相关支持系统

（1）普及期货、期权等金融衍生品知识，让农业经营主体与产业客户了解“波动在你眼前，金融在你身边”的理念，应从国家发展战略高度，认识金融衍生品在现代农业发展中的作用。对农业产业链上、中、下游行为主体，要专门培训以下内容：金融衍生产品知识教育，特别是对于中高级风险管理人员，使其充分了解期货、期权与金融衍生品；企业内部风险管理体系培训，主要是使其了解金融衍生品的规章制度和组织架构如何建立；设计符合实际情况的套期保值方案和操作规程，培训专业操作人员；建立事后评价体系。

（2）建立金融机构、企业、高校或科研机构、政府等多元化科研合作机制，研究期货及金融衍生品，培训专业人员。可以在期货交易所、期货公司设立宏观经济与期货、期权方向的博士后流动站，相关高校与科研机构可以建立多层次的期货、期权人才培养体系。

（3）建立技术支撑体系，科学选择相关指数。天气衍生品是一项高度技术化的金融创新业务，需要完善和规范其技术支撑体系，关键是选择适当的指数。全国性天气指数太笼统，不能有效满足企业对冲天气风险的需要，要选择若干个有代表性的地区或城市的天气指数作为参考指数。

（4）提高农户的组织化程度。由于生产规模小、有关天气衍生品的知识和信息不足、金融市场操作能力弱，分散的农户尚不具备直接进入天气衍生品市场的能力和条件，可组建农业合作社，依靠农业订单与大型龙头企业结成利益共同体，再经由农业合作社、龙头企业、保险公司或再保险公司进入天气衍生品市场。

第五章

期货公司服务油脂油料类产业客户模式

油脂油料产业链包括上游的种植、收割、收购等基础环节，中游的进出口贸易、压榨环节，下游终端消费品的生产、加工环节。

第一节　豆类产业链及服务模式[①]

一、上游产业链

上游是种植者。大豆种植成本的提高，主要表现为生产资料价格上涨和人工成本的上升。大豆生产利润受到多种因素的影响而呈现出极度不稳定的状况，部分农户无法把握收益而放弃大豆种植转向选择其他的农作物。

豆农的根本需求是获得稳定的种植收益、合理安排农作物结构。农户因种植成本上升而希望大豆以一个相对高位的价格出售，农户只有在获得合理的收益之后才能决定来年是否再种植大豆甚至增加大豆的种植面积。而传统的卖豆方式是在农产品收获季节集中进行销售，而这个时期的农产品价格往往较低，对豆农的种植积极性有较大的打击。

期货市场可以做到预先性，而且期货价格是连续的，可以在分析基础上选择在价格高峰时期提前卖出。在种地时或大豆正在生长还没有收割时，期货市场已经给出收获季节的远期价格，经过成本比较之后，如果认为利润比较理想就可以在期货市场卖出，将种地的利润锁定，实现预期收益，不用担心收割后的价格发生变化，从而摆脱价格波动的困扰。由于期货交易的各方都是与交易所进行结算，不必担心买方违约或拖欠货款。

二、中游产业链

国内豆类流通企业主要是负责进口国外大豆、豆油或豆粕产品的进出口

---

① 本节参阅：大连商品交易所的《大豆投资手册》（2009 年 9 月版）、《豆粕投资手册》（2009 年 8 月版）、《豆油投资手册》（2009 年 5 月版）。

贸易企业，或者直接在国内大豆种植地区收购大豆或豆油，并将采购的豆类产品转销给国内大豆消费企业。由于国内大豆市场对国外大豆和豆油的依存度高，大豆和豆油进出口贸易企业充当着重要的角色。

豆类流通企业从国外采购豆类产品再将产品销售到国内消费型企业的周期比较长、过程相对复杂，面临的风险因素较多。主要有以下几种风险：

（1）价格波动风险。主要体现在企业高价采购原料，但是在国内销售的过程中却面临着价格下跌的情况。

（2）汇率波动风险。大豆进口船期一般在一个月左右，其间汇率波动将直接影响到大豆到港套现后的收益。

（3）运输风险。采购豆类产品很重要的一个环节就是将产品从国外运输到港，目前大部分是以海上运输的方式运回。这其中涉及多方面的因素，包括出口国运输设备供需状况、运输过程中的气候因素和卸载过程中的洒落、短量等影响。

（4）库存风险。产品入库之后，流通企业是即刻出手套现还是观望等待豆产品价格上涨获取更多的利润都取决于贸易商对产品价格未来走势的判断。

流通企业对期货市场的服务需求相较更多。为了避免高价采购的产品在销售过程当中出现价格下跌带来的风险，应该通过综合分析豆类产品期现价格的走势，通过等量反方向买卖期货合约，对冲价格波动带来的风险；对于汇率波动和运输过程当中带来的风险，企业需要参照相关指数预测汇率的波动以及船运费率波动，利用相应的期货品种合约规避汇率风险和运输费用上涨风险；企业可以利用期货市场实现虚拟库存以避免现货库存的高风险。

三、下游产业链

大豆消费主要是榨油消费、种用、食用及工业消费。作为豆类产业链的下游企业，主要包括大豆压榨企业、豆油精炼加工企业、饲料生产企业和养殖企业等。大豆压榨企业主要是以大豆为原材料，通过压榨生产毛豆油和豆粕，即“100%大豆＝18.5%豆油＋80%豆粕＋1.5%损耗”。豆油除直接食用和进行食品加工外，也用在工业和医药行业。大豆榨油后的主要副产物是豆粕，它有不同的用途，因而又产生不同的产业链。豆粕除用于制作牲畜和家禽饲料外，还可以用于制造糕点、保健食品、化妆品和抗生素原料等。毛豆油和饲料既是消费产品也是原材料，在产业链的不同企业其定位不一样。

下游企业面临的最重要问题是关于原材料的采购，高价位买入原材料势必提高企业的生产成本，降低企业的竞争力，大豆压榨企业如果想保持采购成本的低廉和稳定，就需要利用大豆期货提前锁定生产成本。对于大豆压榨企业来说，不仅在采购过程中需要通过期货市场进行成本控制，而且在一旦形成大规模库存后，也需要利用大豆期货进行库存保值，防范库存贬值风险。在没有期货市场的时候，大豆压榨企业一般没有办法确定远期的价格；目前，压榨企业可以根据大连商品交易所的大豆期货合约，确定远期价格，计算生产利润，调整经营方向。

豆油精炼企业同样面临着毛豆油价格上涨的风险，饲料厂买入豆粕以及利用豆粕期货实现现货库存虚拟化，利用期货厂库交割降低平仓成本以及企业利用仓单质押融资进行短期融资业务都要运用到期货工具。

四、豆类季节性

国内外豆市走势的季节性特征较为明显。美国与我国同处于北半球的相近纬度，大豆生长周期时间几乎一致。一般在5月、6月开始播种，7月上旬开花，7月底结荚，8月下旬落叶，9月大豆基本完成饱荚阶段进入收割期。从播种开始到9月进入收割期之前，对大豆期价影响最关键的因素是天气，投机资金往往利用天气因素进行炒作。

大连商品交易所的豆价（简称连豆）上涨概率较高的月份为2月、5月、8月、12月，下跌概率较高的月份为4月、6月、7月，与美国CBOT交易所的豆价（简称美豆）的季节性涨跌基本吻合。连豆的季节性涨跌也体现出一点中国特色。一般来说，国内大豆期货主力合约一般在1月、5月、9月。根据历史数据的统计，2月至6月一般是当年的9月主力合约，7月至10月一般为来年的1月主力合约，11月至来年1月一般为来年的5月主力合约。2月炒作的主力合约一般从5月转到9月，9月主力合约处于大豆的收割期，陈豆已消耗得所剩无几，新豆尚未上市，处于青黄不接的时期，大豆供应不足的格局导致价格易涨难跌；6月、7月炒作的主力合约一般从9月转到来年1月，1月主力合约处于新豆的上市充分期，新豆供应较为充足，豆价易跌难涨。因此2月、5月、8月、12月，连豆上涨概率较高，应该寻找机会逢低买入；在4月、6月、7月，连豆下跌概率较高，应该寻找机会逢高沽空。

豆油季节性变化产生的原因主要来自于生产需求的季节规律性变化，对于豆油期货来说，11月、12月、来年1月、来年2月的季节性强势主要是因为冬季的节日较多、较为集中，特别是我国的春节，其前后豆油价格的变化较为剧烈，这可从3月价格的急速回调看出；而8月、9月、10月的季节性弱势主要因为我国处于夏季，豆油消费较少，再者还有棕榈油的替代作用所致；其他月份由于生产消费正常，季节性特征不是太明显。可见，每年的中秋节、国庆节豆油价格不具备季节性上涨的特征，多头炒作更多的是暂时性的概念炒作。

从豆粕生产需求的变化分析其季节性规律的主要影响因素为：12月、来年1月、来年2月、来年3月的季节性强势主要是由需求决定，春节前畜禽正处于集中出栏前期，对饲料的需求较大；4月畜禽集中出栏后使得豆粕等饲料原料需求减少，豆粕价格急速下跌；而5月、6月随着仔猪的逐渐成长，豆粕需求逐渐企稳，价格受到支撑；7月后随着水产养殖的结束以及节假日生猪的集中出栏后对豆粕需求减少，加之新豆上市后压榨量的增大使得豆粕供给增大，价格持续下滑。

表5－1　大豆产业链分析

	企业	风险	期货服务
上游	大豆育种企业、大豆种植农户、涉农企业	大豆收购价格波动影响、大豆销售价格波动、农民种植结构调整、气候变化	为调整种植结构提供价格参考，引导农民把握卖豆时机；以“公司＋农户”“期货＋订单”模式开展“先卖后种”，提前锁定利润；适当采用“交割＋平仓式套期保值”操作
中游	大豆贸易商、大豆收购企业、大豆经销商、豆粕贸易企业、豆粕经销商、豆油贸易企业、豆油经销商	价格波动风险、汇率波动风险、运输风险、库存风险	分析豆类产品期现货价格走势，等量反方向买卖期货合约，对冲原材料价格波动风险；参考波罗的海指数，参与海运掉期合约交易以及汇率期货期权进行套期保值；现货投资资金不足时利用期货市场保证金制度进行适当的投机；利用期货厂库交割降低平仓成本
下游	大豆压榨企业、豆油精炼企业、豆油加工企业、饲料生产、养殖企业	原材料成本波动风险、生产成品价格波动风险、库存管理风险、资本风险	利用期货锁定采购成本，对冲购买原材料后的价格上涨风险；利用品种期货实现现货库存虚拟化；利用期货市场对采购实现库存保值；仓单质押融资

第二节　棕榈油产业链及服务模式

一、上游产业链

棕榈油是我国重要的食用油之一，但我国不产棕榈油，主要从马来西亚和印度尼西亚进口。通过毛棕榈油提炼为精炼棕榈油之后，主要应用于餐饮业和食品加工业。棕榈油在食品工业应用方面，一般被加工成起酥油、人造奶油、氢化棕榈油、煎炸油脂和专用油脂等。棕榈油在其他工业运用中主要分为两类：一是从棕榈产品中可以直接得到的，如皂类、环氧棕榈油及其多元醇、聚氨酯和聚丙烯酸酯类产品；另一个是油脂化工类产品，如脂肪酸、酯、脂肪醇、含氮化合物及甘油，而在这几种产品的基础上，还可以通过不同的化学方式生产出各种衍生产品。

二、中游产业链

尽管我国不产棕榈油，但随着棕榈油需求的增长，我国棕榈油现货市场中贸易企业众多，流通环节发达。华北（天津周边地区及山东）、华东（张家港、泰兴、宁波等上海周边地区）、华南（深圳及厦门等周边地区）是我国棕榈油的主要进口、加工、销售地区。

从进出口贸易企业来看，目前国内有棕榈油贸易企业近万家，其中大型贸易企业直接从国外进口，进入国内后再通过大量的中小分销商进行分销。这些贸易企业一般都没有专门的储存仓库，通常租用油脂企业或仓储企业的储罐。

由于我国棕榈油完全依赖进口，国际定价及货物的在途风险成为棕榈油进口商关注的焦点，如同豆类产品进口企业所需要面对的风险一样，进口棕榈油也面临着价格波动、汇率波动、运输和库存等风险。进口企业需要分析棕榈油期现货市场的价格走势，通过等量买卖期货合约，规避棕榈油价格波动风险；合理判断运输过程中的气候和市场行情，利用相应的期货品种合约规避汇率风险和运输费用上涨风险。

三、下游产业链

国内有棕榈油加工企业上千家，分布在主要进口港的周边地区。对于棕榈油消费商而言，如何规避原料价格上涨带来的风险成为关乎企业盈亏的重要决策。利用期货套期保值锁定原材料购买成本，对冲购买原材料后的价格上涨风险；通过合理的操作稳定棕榈油加工的利润；棕榈油、豆油、菜籽油同属油脂品种，彼此间有很强的替代关系，当某种油脂价格相对其他品种上涨时，相对低廉的品种需求开始增加，并最终导致两个品种间的价格差异回归到合理的区间内，从而为投资者进行相关品种的套利提供了机会；利用期货品种实现现货库存虚拟化，规避现货库存带来的风险；利用期货市场对采购实现库存保值；通过参与期货市场利用仓单质押为企业融资。

四、棕榈油季节性

棕榈油产量与棕榈树的季节性生长紧密相关。2—4 月是全年产量最低，库存最少的时候，9—11 月是棕榈油产量最高的时期。根据马来西亚棕榈局数据统计，马来西亚棕榈油生产高峰一般在 7—9 月，是棕榈油出口高峰期，这与我国棕榈油进口规律基本一致。而棕榈油价格基本上是两年涨跌轮回，第一、二、四季度上涨概率比较大，且在 2 月、5 月、11 月涨幅最大，第三季度呈现下跌走势，8 月跌幅最大。

棕榈油产业链分析见表 5－2。

表 5－2 棕榈油产业链分析

	企业	风险	期货服务
中游	棕榈油进口贸易商、国内棕榈油经销商	价格波动风险、汇率波动风险、运输风险、库存风险	通过分析棕榈油期现货市场的价格走势，通过等量买卖期货合约，对冲棕榈油价格波动带来的风险；参照相关指数预测汇率的波动以及船运费率波动，利用相应的期货品种合约规避汇率风险和运输费用上涨风险；积极参与厂库交割降低平仓成本
下游	棕榈油加工企业、油脂制造企业、工业食品油提炼企业	原材料成本波动风险、销售产品价格下跌风险、库存管理风险、资本风险	利用期货锁定采购成本，对冲购买原材料后的价格上涨风险，利用期货市场锁定利润；棕榈油、豆油、菜籽油彼此间有很强的替代关系，为投资者进行相关品种的套利提供了机会；利用品种期货实现现货库存虚拟化；利用期货市场对采购实现库存保值；期货融资

第三节 菜籽油产业链及服务模式

一、上游产业链

我国是世界上最大的菜籽油生产国和消费国。农民是否愿意种油菜籽主要看上一年油菜籽收购价格及油菜种植收益和小麦、棉花等其他争地农产品种植收益。油菜籽产量受天气影响，在油菜籽丰收之后，油菜籽收购价格的高低又将直接影响菜籽油的生产成本和压榨效益。

和大豆种植主体所面临的状况一样，农户需要油菜籽种植能获得稳定的收益，并且通过分析市场状况合理安排农作物结构。作为油菜籽种植农户本身希望以相对高的市场价出售农作物获取收益，在种地时或油菜籽正在生长还没有收割时，期货市场已经给出收获季节的远期价格，经过成本比较之后，如果认为利润比较理想就可以在期货市场卖出，将种地的利润锁定，实现预期收益，不用担心收割后的价格发生变化。

二、中游产业链

菜籽油产业链中游企业为进出口贸易企业和国内收购企业，其一般经营模式为：现货市场采购—贸易企业存储—现货加工企业或者消费者销售。

采购环节：由于国内菜籽油采购主体的多元化，菜籽油采购市场竞争加剧，呈现出中储粮、地方储备、经营加工企业和个体粮商等多家收购的竞争局面，部分地区出现了抢购货源的现象。在这个环节，如果出现货源紧张、收购时间短的情况，中游企业将面临收购量不足、收购成本提高的风险。

存储环节：菜籽油在存储过程中对仓库条件的要求比较高（如占库容量大、通风条件好、运输方便等），而长期存储还会造成一些损耗和腐坏，所以存储环节既占用了大量资金，又存在潜在的额外损失。

销售环节：如果需求疲软或者国储大量拍卖和轮出，高价收购的菜籽油将面临跌价和销售不畅的风险。

贸易机会：正常年份，由于菜籽油的收购具有周期性，在非正常收割时期大部分贸易商在其他时间缺少商机，大量资金闲置。需要利用期货市场进行远期贸易，延长贸易周期。

国内菜籽油进口贸易企业、菜籽油收购企业和菜籽油经销商在进出口菜籽油的时候面临着诸多风险，尤其是2008年菜籽油市场价格大幅波动。2008年初菜籽油价格出现一波升势，价格最高达到15 388元/吨，但此后受金融危机等因素的影响，菜籽油价格尤其是第四季度菜籽油出现连续下跌，价格最低跌到 5 856 元/吨，由于缺乏相应的规避风险措施，当年我国有 2/3 的菜籽油加工贸易企业出现了亏损。

三、下游产业链

菜籽油产业链下游企业主要是菜籽油加工企业、食用油提炼企业和生物柴油加工企业等。我国菜籽油加工行业面临的问题有：一是油菜籽供应时间短，收购、加工、销售时间比较集中。由于我国菜籽油是季节性生产，菜籽油加工企业一般在 6—9 月集中加工菜籽油，多数小型工厂只生产 2 ~ 3 个月，只有大型菜籽油加工企业可以保持全年生产。二是国内菜籽油加工业布局分散，加工厂规模小、数量多。据统计，我国工商注册的菜籽油加工企业有 2 500家左右，这还不包括各油菜籽主产区星罗棋布的小型菜籽油作坊企业。我国小型菜籽油加工企业规模多在 100 吨/日以下，加工能力超过100 吨/日的数量极其有限。三是菜籽油加工企业利润微薄，企业抗风险能力较低。一般油菜籽收购加工半径在 150 公里左右，超过这个距离很难保障压榨利润。四是菜籽油加工企业加工能力过剩。据估计 2010 年我国油菜籽加工能力约为 4 000万吨，而我国油菜籽产量只有 1 000 万吨，产能是产量的四倍，加工能力过剩导致原料不足，企业在油菜籽上市季节竞相抢购。没有原料无法生产，有了原料担心价格风险，菜籽油行业保值需求异常强烈。

菜籽油产业链下游的企业需要通过分析生产所需的菜籽油期现货市场的价格走势，通过等量买卖期货合约，对冲采购菜籽油价格波动带来的风险；利用豆油、棕榈油和菜籽油之间的替代性导致的价格联动效应进行套期保值和跨品种套利；利用期货市场建立虚拟库存规避产品库存风险，对已采购形成的库存可以进行保值操作；对于目前没有上市的合约产品，可以利用相关可替代的品种开展套期保值业务；参照相关指数预测汇率的波动以及船运费率波动，利用相应的期货品种合约规避汇率风险和运输费用上涨风险。

四、菜籽油季节性

我国有冬油菜（9 月底种植，次年 5 月底收获）和春油菜（4 月底种植，9 月底收获）两大产区。冬油菜面积和产量均占 90% 以上，主要集中于长江流域；春油菜则集中于东北和西北地区，以内蒙古自治区呼伦贝尔市海拉尔地区最为集中。冬油菜的生长规律一般为 4 月下旬陆续进入收割期，5 月中旬至 6 月各地的油菜基本收割完毕。每年的 6 月下旬新的油菜籽上市之后，菜籽油价格回落；7 月、8 月各压榨厂全力开榨，菜籽油压榨旺季到来，菜籽油集中涌入市场；到 9 月，菜籽油价格迎来年度最低。菜籽油的消费受季节性影响较大，菜籽油消费旺季在 11 月至次年 2 月，而集中生产上市在 5—8 月。

集中上市之后，菜籽油价格会回落。

菜籽油产业链分析见表5-3。

表5-3 菜籽油产业链分析

	企业	风险	期货服务
上游	油菜籽育种企业、油菜籽种植企业、涉农企业	油菜籽和菜籽油价格风险、农民种植结构风险、农民收入风险、气候风险	为农民调整种植结构提供价格参考，引导农民把握卖出时机、增加销售收益；通过计算油菜种植收益，期货公司深入农村提供相关的价格信息，指导农民调整作物结构；引导农民以“公司+农户”“期货+订单”模式开展“先卖后种”，提前锁定利润；适当采用“交割+平仓式套期保值”操作，保护菜农利益
中游	菜籽油贸易商、菜籽油压榨企业、菜籽油经销商	菜籽油价格波动风险、汇率波动风险、运输风险、库存风险	分析菜籽油现货市场的价格走势，等量买卖期货合约，对冲原材料价格波动风险；对照菜籽油相关替代产品（豆油、棕榈油）期货价格的走势参与套期保值；参照相关指数预测汇率波动以及船运费率波动，利用相应的期货品种合约规避汇率风险和运输费用上涨风险；利用期货厂库交割降低平仓成本
下游	菜籽油加工企业、食用油提炼企业、生物柴油加工企业	原材料成本波动风险、销售产品价格下跌风险、库存管理风险、资本风险	利用期货锁定采购成本，主要是对冲购买原材料后带来的价格上涨风险；利用品种期货实现现货库存虚拟化；利用期货市场对采购实现库存保值；通过参与期货市场进行融资

第四节 油脂油料类全产业链服务模式

通过对油脂油料类的各类品种进行分析发现，豆类、棕榈油和菜籽油这些品种在产业链不同的环节所面临的风险比较一致。

一、上游服务模式

在此以豆类为例。期货公司服务菜籽油、棕榈油类产业客户模式，与豆类有较大的相似性，可以参照。期货公司服务豆类产业链上游企业模式如下。

期货公司通过“公司+农户”的模式，借助涉农龙头企业，以订单的方式把农户整合在一起，将分散的农民联合起来进入市场。通过订单形式使农户风险转移集中到龙头企业，农产品期货市场为龙头企业提供转移风险的途径，即“订单+期货”模式。同时能够对该区域大豆种植总量有充分的了解，进而对市场上具体年份的大豆供给量进行估计，参照相关历史数据，可以对大豆市场行情进行合理的预判。

涉农龙头企业在金融机构开立期货账户，由金融机构进行企业期货业务核算，并且进行相应的评估贷款工作；由期货公司和期货交易所协助金融机构对交易资金进行监管。

期货公司根据涉农龙头企业自身现货业务的特点以及对市场趋势的科学分析，为企业拟订期货套期保值交易方案：豆农在种地时或大豆正在生长还没有收割时，期货市场已经给出收获季节的远期价格，经过成本比较之后，如果认为利润比较理想就可以在期货市场卖出，将种地的利润锁定，实现预期收益，不用担心收割后的价格发生变化，从而摆脱价格波动的困扰；豆农种植的大豆量相对充裕，可以合理采用“交割+平仓式套期保值”操作，能够降低套期保值时的成本。期货公司应该通过综合分析上年农产品市场的相关信息，对豆农本年所需要种植的品种进行指导，合理地改善农产品的种植结构，有利于改善农产品市场供应失衡而引起的价格过度波动。

金融机构根据拟订的套期保值方案及企业的实际情况，核定贷款企业参与套期保值的资格。在套期保值交易结束后，经交易所结算、企业认定，由期货公司将其保证金余额全部直接划入企业在金融机构的账户。金融机构将企业的期货损益与对应的现货业务损益合并处理后，一并收回期货、现货业务的贷款。

二、中游服务模式

对处于中间环节的贸易企业、收购企业和豆类产品经销商，期货公司为其提供服务的总原则是：担心未来价格下跌，卖出期货合约；担心未来价格上涨，买入期货合约。服务模式为：协助贸易企业制订贸易计划→协助企业进行库存管理→销售签订远期合同。

期货公司利用豆类产品期货的价格发现功能为进出口企业制订贸易计划。由于期货价格综合反映市场的预期，期货市场形成的价格具有权威性和前瞻性。期货公司服务于贸易企业最直接的方式就是利用期货价格走势指导进出口企业进行贸易计划，安排相应资金。如果通过分析判定豆类产品期货价格是上涨趋势，贸易商就可以正常地购销，中间跌价风险小，因此有必要尽早筹措收购资金，加大收购量，积极联系买家。同理，如果豆类产品期货价格表现疲软甚至下跌，贸易商就需要尽可能地与买方签署好供货合同，约定相对有利的销售价格，在现货采购环节根据合同量采购，降低大量采购带来的价格下跌风险。贸易企业在采购原材料及运输过程中的时间跨度为 3 ~4 个月，会遇到运费波动和气候变化等各种因素的影响，导致产品到港价格变化，期货公司应该参考波罗的海指数，参与海运掉期合约交易以及汇率期货期权对在运产品进行套期保值。

期货公司帮助贸易企业在收购量难以提高的情况下实现“虚拟采购”。由于市场收购主体增多、收购竞争激烈，大豆在某些月份会出现货源紧张的情况，导致短期内收购价格大幅上涨，同时竞相抢购也使贸易商很难采购到足够货源，这时合理利用期货市场进行买入套期保值就能起到“事半功倍”的效果。预期价格上涨情况下，贸易商通过买入套期保值投资策略可以有效锁定采购成本，满足购销合同的需要，实现理想贸易利润。

期货公司协助贸易企业进行库存管理，提高资金效率。对许多大型经营性豆类产品购销企业来说，如果库存过高，一方面需要付出高额存储成本；另一方面会大量占用资金，影响企业的投资回报率。因此，通过适当卖出套期保值与现货交割相结合，可以有效解决这一困难。近期价格较远期价格高，而且期货市场当中价格稳中趋升，则应该卖出近期交割，买进远期交割提货，否则通过现货补库是较好的选择。

现货销售不畅时，期货公司应指导贸易公司采取相应措施规避豆类价格下跌风险。在期货价格相对高位的时候，贸易公司应该与需求企业签订远期合同，稳定未来收益；合理利用豆类期货管理贸易风险是对企业经营的有效补充，是企业提升经营效率的重要工具和手段。

三、下游服务模式

产业链下游企业包括大豆压榨企业、豆油精炼企业、饲料生产企业、养殖企业，流程相对复杂。从大豆采购、仓储及对大豆压榨后豆粕、豆油的销售，期货公司必须深入企业生产环节，了解其生产流程，对单个企业的流动库存、采购计划、销售周期进行详细了解和实时跟踪，据此为企业制订出个性化的产品保值服务方案。

期货公司可直接协助企业建立适应现货与期货结合的管理架构，协助改变豆类企业的采购模式，指导豆类企业搞好库存管理，方法同前。

期货公司协助改变豆类生产加工企业销售模式。期货公司利用期货的价格锁定功能，帮助企业开拓远期订单业务，实现以销定产。豆类生产企业根据客户订单的数量、接受的价格及要求的交货时间，在签订远期销售合同的同时，在期货市场上买进期货合约，锁定原材料成本，再根据订单来制订生产计划，按计划生产。

豆类原料与产品之间的套利—买豆卖粕。由于大豆与豆粕、豆油之间存在着“100% 大豆 = 18.5% 豆油 + 80% 豆粕 + 1.5% 损耗”的关系，并且该三种豆类产品均已在大连商品交易所上市，这为豆类相关企业进行原料与产品之间的套利提供了良好的基础。当豆类市场上出现原料紧张，预计近期大豆价格将要上涨，同时，远期豆粕合约相比近期合约仍有较大的下跌空间，企业可以买近期的大豆期货，卖出远期豆粕进行套利交易。

跨品种套利分析。豆油、棕榈油和菜籽油同属油脂品种，彼此间有很强的替代关系，当某种油脂价格相对其他品种上涨时，那么相对低廉的品种需求开始增加，并最终导致两个品种间的价格差异回归到合理的区间内，从而为投资者进行相关品种的套利提供了机会。

四、全产业链模式

以豆类豆粕为例。

上游大豆行业。大豆主产区加快整合速度，实现规模效应，降低成本。实现大豆工业化种植，在形成大豆企业规模化后，大豆机械化、工业化种植有了实现基础，将进一步降低生产成本。完善大豆期货市场建设，强化价格发现功能和套期保值功能。与金融机构加强合作沟通，学会利用金融工具分散风险，应对金融化。

中游豆粕行业。随着我国居民生活水平提高，肉类消费上升，豆粕行业要抓住这一机遇，提高技术水平，增强竞争力，改变依赖政策补贴参与市场竞争的习惯，加强豆粕期货市场建设，强化豆粕期货市场价格发现功能和套期保值功能。豆粕行业应当加强与金融机构的合作，学会利用金融工具分散风险。

下游生猪行业。我国生猪期货市场尚未建立。要改变农户散养模式，走向企业化养殖。借鉴美国的经验，建立我国生猪期货市场。上游大豆行业和中游豆粕行业都已有期货市场，而下游生猪行业却没有期货市场，这对生猪行业发展不利。利用豆粕产业链的相关期货市场，对冲风险，降低成本。建设生猪期货市场需要时间，但我国生猪行业并非没有可利用的金融工具，利用大豆期货市场、豆粕期货市场等豆粕产业链的相关期货市场，生猪行业有机会对冲价格风险，降低生产成本。

油脂油料产业链风险及所需服务见表 5 – 4。

表 5－4 油脂油料产业链风险及所需服务

	主体	风险	期货服务
上游	育种企业、种植农户、涉农企业	采购价格波动风险、销售价格波动风险、农民种植结构调整风险、气候变化风险	为调整种植结构提供价格参考，引导农民把握卖出时机；以“公司＋农户”“期货＋订单”模式开展“先卖后种”，提前锁定利润；适当采用“交割＋平仓式套期保值”操作
中游	贸易商、收购企业、经销商、贸易企业	价格波动风险、汇率波动风险、运输风险、库存风险	分析油脂油料现货市场的价格走势，等量买卖期货合约，对冲原材料价格波动风险；参考波罗的海指数，参与海运掉期合约交易以及汇率期货期权进行套期保值；现货投资资金不足时利用期货市场保证金制度进行适当的投机；利用期货厂库交割降低平仓成本
下游	压榨企业、精炼加工企业、饲料生产企业、养殖企业	原材料成本波动风险、产成品价格波动风险、库存管理风险、资本风险	利用期货锁定采购成本，对冲购买原材料后的价格上涨风险；利用品种期货实现现货库存虚拟化；利用期货市场对采购实现库存保值；仓单质押融资

第六章

期货公司服务能源化工类产业客户模式

能源化工产业链上游行业包括石油、天然气、煤炭等原料的生产、贸易。中游指各种高分子化工产品的合成、生产、流通。下游指各行业对各种化工产品的加工使用，包括纺织行业（合成材料制造）、农业（化肥、农药）、建筑房地产业（涂料、合成材料、其他化学品）。能源化工产业期货品种主要有天然橡胶、燃料油、PTA（精对苯二甲酸）、LLDPE（线性低密度聚乙烯）、PVC（聚氯乙烯）、焦炭和甲醇。[①]

第一节　能源化工产业链及期货服务

一、能源化工上游产业链

1. 石油的开采炼制和进出口

能源化工上游产业链主要由石油开采炼制企业、天然橡胶种植企业和炼焦煤开采加工企业组成。炼制石油的副产品构成 PVC、PTA、LLDPE 等众多产品的原材料。石油开采炼制面临的风险多来自国际局势变化及各种重大国际政治事件。我国石油与国际原油价格保持较高的联动性，导致上游石油、燃料油进口面临较大的运输风险、汇率风险，容易受到国际原油价格的影响。

上游原油价格直接或间接影响下游产业，容易导致上游风险放大到中下游和其他相关行业。由于期货公司还不能代理境外期货业务，期货公司在上游发挥的作用有限。我国应积极推进期货公司代理境外业务，发展期货市场的上市品种和交易规模，争取相关产品期货的国际定价权。期货公司应指导客户参考各大期货交易所相关期货商品的价格指数，在恰当的时机买卖等量期货合约对冲价格波动的风险。贸易企业在原材料采购、运输过程中会受到运费波动和气候变化等各种因素的影响，导致产品到港价格变化，期货公司应指导客户

---

① 本章参阅：王红英，王源源．橡胶产业的服务模式［EB/OL］．http：//futures.stockstar.com/JL2010031200001096.shtml；山西焦联电子交易中心．焦炭期货对现货市场的作用［EB/OL］．http：//www.excoke.com.cn/2011/03/10/75254/ArticleNew.html.

参考波罗的海指数，参与海运掉期合约交易以及汇率期货期权对在运产品进行套期保值。

2. 天然橡胶

天然橡胶属于自然资源，它的生长对地理、气候条件有一定的要求，适宜割胶的橡胶树一般要有 5～7 年的树龄，可用于割胶的天然橡胶树的数量短时期内无法改变。影响天然橡胶产量的主要因素有季节因素：进入开割季节，胶价下跌；进入停割季节，胶价上涨。气候因素：台风或热带风暴，持续的雨天、干旱、霜冻等都会降低天然橡胶产量而使胶价上涨。病虫害因素：如白粉病、红根病、炭疽病等，会影响天然橡胶树的生长，甚至导致死亡。期货公司协助天然橡胶上游企业通过现货和期货两个渠道完成销售任务，一方面参考期货市场价格确定现货销售价格；另一方面，作为现货销售的补充，在期货价格理想时，直接通过期货交割实现部分销售。

库存风险是天然橡胶价格下跌的主要风险载体。针对库存进行套期保值合理规避风险。按照企业经营状况预测各月产出量和销售量，针对实际库存（当月产胶量 + 原有库存量）和预计库存（今后三个月的产出量）进行滚动卖期保值操作。卖期保值建仓可分两步进行考虑：对于实际库存，核算企业的经营成本，判断企业按期货当前价位销售是否有合理利润，若利润合理，则对所有实际库存在期货上一次性卖出。若不合理，则此时很可能面临熊市行情，市场走低，在期货市场按技术分析手段逐步逢高卖出。对于三个月预计库存，按不同交割月在期货上进行卖出操作。如果行情看涨，远期升水，则在核算成本合适的情况下直接建仓；若行情看跌，远期贴水，则远期也采用技术分析寻找反弹价位建仓。

3. 炼焦煤开采加工

焦炭产业链主要由炼焦煤—焦炭—钢铁组成，炼焦煤是生产焦炭的原料，钢铁行业近年来占据焦炭消费的 85% 以上，它们构成了紧密相连的产业链。由于焦炭贸易通常都采用点对点的方式，在焦炭产业链各个环节，贸易商都较少介入。炼焦煤产业与焦炭、钢铁等市场高度正相关。在供应量偏紧而需求量大增时，钢材价格上涨必然带来焦炭价格上涨，焦炭价格上涨必然带来炼焦煤价格上涨，反之亦然。

焦炭产业链上游企业是炼焦煤勘测、开采、加工企业。上游企业面临的风险主要有自然风险、替代品风险、生产安全风险、汇率风险和政策风险。其中政策风险是指政府对相关行业的政策发生重大变化或有重要的举措、法规出台，引起能源化工类产业链波动，从而给能源化工企业带来的风险，其中包括环保政策、金融政策、出口配额政策、进口政策等。

焦炭期货上市之后，期货公司引导企业在准备原料库存计划生产的同时，可在期货市场卖出相应头寸，锁定本批计划生产的利润。期货公司根据企业自身承受风险的能力选择部分比例套期保值，以使企业利润最大化。炼焦企业可根据市场价格走势，如果明确涨势，可先平期货再卖现货；如果明确跌势，可先卖现货再平期货。期货公司应帮助炼焦煤企业优化内部管理、提升品牌效应、转移经营风险。

能源化工上游产业链分析见表6－1。

表6－1　能源化工上游产业链分析

	主体	风险	期货服务
天然橡胶	天然橡胶种植及加工企业	自然风险、库存风险	参考交易所相关期货商品的价格指数；参与海运掉期合约交易以及汇率期货期权
燃料油	燃料油炼化企业	原材料价格上涨和供应风险、生产安全风险、政治风险、汇率风险	分析国际原油的价格走势，通过等量买卖期货合约，对冲采购原油引起的价格波动风险；参与海运掉期合约交易以及汇率期货期权
PTA、PVC、LLDPE	合成树脂生产企业		发展期货市场的上市品种和交易规模，争取相关产品期货的国际定价权；分析国际原油的价格走势，通过等量买卖期货合约，对冲采购原油引起的价格波动风险；参与海运掉期合约交易以及汇率期货期权对冲汇率波动和贴水价格波动风险
焦炭	炼焦煤勘测、开采和加工企业	自然风险、替代品风险、生产安全风险、汇率风险、政策风险	激活焦炭定价机制，发展期货市场推动焦炭现货市场的定价机制以市场为导向；积极培育产业客户的套期保值意识；根据焦炭现货市场和期货市场价格制订合理的开采计划

二、能源化工中游产业链

1. 燃料油

燃料油产业链中游企业主要是指专业燃料油供应服务商，面临的风险主要有库存风险、运输成本风险和汇率风险。作为上游炼化企业和下游终端用户的媒介，燃料油供应服务商是整个产业链中不可或缺的重要环节，供应服务企业的主要业务活动包括采购、运输、仓储调和、销售及船舶水上加油等。

燃料油供应服务商一方面向上游炼化企业进行大单采购；另一方面向用户提供运输配送、仓储调和、零售供应及水上加油服务。运输是物流活动过程中的一个主要环节，涉及装卸、搬运、包装等多种环节，要消除相向运输、迂回运输等不合理现象。天然橡胶、燃料油等主要依赖进口，由船型结构、大小、船龄、航程以及航运市场供需情况等因素决定的海运费以及陆地铁路、公路等运费，都对能源化工类贸易商产生重要影响。

期货公司通过分析国际原油的价格走势，通过等量买卖期货合约，对冲采购原油带来的价格波动风险。贸易商可采用“点价”方式来定价，即先定下基差，期货价格由买方在未来一段时间内选择确定，这一“期货价格＋基差”的定价方式，为现货企业提供了更多的选择，并在一定程度上降低了传统贸易定价方式的价格风险。应用点价模式的同时，企业与期货公司合作同时进行合理的套期保值，可以让点价交易双方在不同的价位完成商品的购销。参照相关指数预测汇率波动以及船运费率波动，利用相应的期货品种合约规避汇率风险和运输费用上涨风险。企业可以利用期货市场进行库存管理，包括降低企业库存成本、库存套利和锁定库存风险三个方面。首先，利用期货建立库存只需要10%的保证金，这样既节约了资金占用成本，又避免了仓储损耗。其次，当期货合约前面月份价格高、后面月份价格低时，就产生了利用不同月份合约套利的机会，企业可以通过在卖出实物库存的同时，买入远期合约来赚取价差。利用下游相关产品的期货市场进行相应的套期保值，以规避由下游需求带来的风险。除此之外，在某些情况下，期货市场可作为现货采购或销售的适当补充，期货公司应协助客户在合约规定的交割期内办理好相关的手续，办妥标准仓单、增值税发票、货款等交割事宜，完成实物交割。

2. 天然橡胶

天然橡胶虽为大宗商品，但其贸易中的定价仍旧以传统的一对一询价为主。橡胶制品随着工艺的不断改进，原材料的选用也有所变化，许多产品已经做到利用合成橡胶替代天然橡胶。伴随着合成橡胶工业的不断发展，其价格也越来越具有竞争性。当天然橡胶供给紧张或价格上涨时，许多生产厂商会选择使用合成橡胶，两者的互补性将会越来越强。这对贸易商的定价能力以及盈利情况都有重要的影响。

天然橡胶产业链中游企业主要指各类橡胶贸易企业，主要面临价格风险、库存风险、运输成本风险和汇率风险。由于消费企业疲于应对天然橡胶价格的剧烈波动，国内许多用胶企业原料采购的主要渠道是通过贸易企业来进行的。天然橡胶期货的出现丰富了贸易企业的经营模式。

3. PTA

PTA期货是二十多个大宗商品上市品种中产业链最长的。从原油—石脑油—MX—PX—PTA 这条上游石化产业链来看，PTA 处在石化产业链的末端，具有典型的石化产品属性；从 PTA—聚酯—涤纶—面料—印染染整—纺织服装这条下游纺织产业链来看，PTA 处在纺织产业链的最上端，具有典型的纺织产品属性。PTA 承上启下，将石化和纺织产业链有机联系在一起，形成一条超长的产业链。中游企业对期货市场的服务需求主要体现在对冲原材料价格上涨风险，对冲汇率变动风险，融资需求以及降低企业库存成本。

4. LLDPE

LLDPE 产业链中游企业是指 LLDPE 的经销商，由于 LLDPE 中游市场基本没有进入门槛，且中游企业也不是生产型企业，不需要规模经济和成本优势，更多的是贸易渠道和市场信息把握能力的竞争。这决定了 LLDPE 产业链中游充分竞争的市场结构。中游企业对期货市场的服务需求主要体现在对冲原材料价格上涨风险，对冲汇率变动风险，融资需求以及降低企业库存成本。库存状况是供求关系的一个重要指标。生产者、贸易者、消费者主要根据能源化工产品价格的变化和自身的库存能力来调整库存。贸易商库存起着“蓄水池”的作用，库存水平偏高意味着市场流通环节不畅，价格上涨乏力，呈现走软迹象；库存偏低，表示市场成交活跃，具备上行动力。

5. PVC

PVC 中游企业对期货服务需求主要体现在对冲原材料价格上涨风险，对冲汇率变动风险，融资需求以及降低企业库存成本。产业链中游的贸易商处于中间环节，其议价能力受到上下游压迫，贸易商的议价能力对其发展起着核心作用。贸易商利润的主要来源是依靠“做行情”，即在市场价格相对低位时囤货，在市场价格相对高位时卖出。

6. 焦炭

相对焦炭产业链的上下游来说，焦炭行业处于弱势地位，其具有特殊的产业格局：附属于钢铁企业的焦化企业不足 1/3，由此造成绝大多数钢铁企业焦炭自给率较低；其余的独立焦化企业中，有很大一部分是属于既没有上游煤炭供应，又没有下游炼铁厂承接的真正的“独立”焦化企业，这些企业的利润空间必然在激烈的竞争中不断被“挤压”。对许多焦炭企业来说，如果库存过高，一方面需要付出高额存储成本；另一方面会大量占用资金，影响企业的投资回报率。焦化企业通过适当卖出套期保值与现货交割相结合，可以有效解决这一困难。

中游贸易企业主要面临价格风险、库存风险、运输成本上升和汇率波动等风险。在原材料采购、运输过程中会受到运费波动和气候变化等各种因素的影响，导致产品到港价格变化，期货公司应指导客户参考波罗的海指数，参与海运掉期合约交易以及汇率期货期权对在运产品进行套期保值。应协助贸易商利用套期保值对冲原材料价格上涨，应对来自上游企业的成本冲击。企业可以利用期货市场进行库存管理，包括降低企业库存成本、库存套利和锁定库存风险三个方面。首先，利用期货建立库存只需要10%的保证金，这样既节约了资金占用成本，又避免了仓储损耗。其次，当期货合约前面月份价格高、后面月份价格低时，就产生了利用不同月份合约套利的机会，企业可以在卖出现货的同时买入远期合约来赚取价差。

贸易商可利用期货作为现货销售的补充，在期货价格理想时，直接通过期货交割实现部分销售。而期货公司应协助客户在合约规定的交割期内办理好相关的手续，办妥标准仓单、增值税发票、货款等交割事宜，完成实物交割。

能源化工中游产业链分析见表6－2。

表6－2 能源化工中游产业链分析

	主体	风险	期货服务
天然橡胶	橡胶贸易企业	价格风险、库存风险、运输成本风险、汇率风险	协助企业建立新销售模式，强化集中销售和期货交割两大渠道；利用套期保值对冲原材料价格上涨；参与海运掉期合约交易以及汇率期货期权；加强期货库存管理
焦炭	焦化企业		协助企业把焦炭期货作为重要的市场销售补充手段；利用套期保值对冲原材料价格上涨以及汇率变动风险；利用期货市场建立虚拟库存规避产品库存风险，对已采购形成的库存可以进行保值操作
燃料油	专业燃料油供应服务商	原材料价格风险、库存风险、运输成本风险、汇率风险	利用上海燃料油期货价格和黄埔燃料油现货价格、新加坡燃料油现货价格、美国WTI原油期货价格的相关性制订合理的销售计划；协助企业把上海燃料油期货作为一个重要的市场销售补充手段；利用套期保值对冲原材料价格上涨以及汇率变动风险
PTA、LLDPE、PVC	合成树脂贸易商		利用期货锁定采购成本，主要是对冲购买原材料后带来的价格上涨风险，利用期货市场锁定利润；利用PVC和LLDPE存在交集，贸易商可以按照相关手法进行跨品种套期保值；利用期货市场建立虚拟库存规避产品库存风险，对已采购形成的库存可以进行保值操作

三、能源化工下游产业链

1. 天然橡胶

下游主要是涉及天然橡胶消费的橡胶制品企业及以汽车行业为代表的终端消费企业。橡胶制品企业主要包括轮胎、胶带、胶鞋、医疗器械等企业，其中轮胎行业是其中最主要的天然橡胶消费行业，约占天然橡胶消费总量的65%。天然橡胶终端消费企业面临的风险主要有价格风险、库存风险以及原材料价格上涨和供应风险。橡胶制品业大部分属于劳动密集型行业，附加值不高，天然橡胶的原材料成本通常占50%左右，原料价格的波动直接影响到企业的利润及行业的竞争力。在天然橡胶价格急剧上涨过程中，橡胶制品的生产成本急剧上涨，而成本转嫁给下游的终端消费企业需要较长的时间周期，这将会造成橡胶制品企业盈利能力的下滑，从而影响企业的良性发展。

橡胶制品企业对原料价格的波动较为敏感，期货公司应为这些企业提供有效地规避原材料价格上涨的工具，即进行天然橡胶的买入套期保值，有利于企业有效控制成本。

橡胶下游企业连续生产需要库存滚动，期货公司引导下游企业通过参与期货市场虚拟库存管理降低经营成本，并融资扩大规模提高盈利。橡胶制品企业在熊市时采购不成问题，货源充足，现货价格可能较长合约价格更低；但牛市中贸易商及原料供应商经常囤积居奇，原料采购企业经常需要面临采购成本上升的风险，库存滚动可以避免采购成本失去控制。

期货公司可引导下游企业利用期货市场创造融资渠道：当现货企业需要融资时，通过质押保值的期货仓单，可以获得金融机构较高的融资比例。

2. 燃料油

燃料油的客户终端可分为三大用户类型：发电厂——燃气发电厂、柴油机发电厂、汽轮机发电厂，工业用户——陶瓷厂、玻璃厂、钢铁厂、染织厂等，石化行业用户——以燃料油为原料的石化加工企业。下游企业面临的风险主要有价格风险、库存风险以及原材料价格上涨风险和供应风险。

期货公司应根据市场走势和企业对价格风险的承受程度，制定合理的套期保值制度和策略。现货价格可采用“期货价格+基差”的“点价”方式来定价，为现货企业提供了更多的选择，并在一定程度上降低了价格风险。应用点价模式的同时，企业与期货公司合作，进行合理的套期保值，可以让点价交易双方在不同的价位完成商品的购销。除此之外，当下游企业认为当前燃料油价格合理需要增加库存时，可以通过期货代替现货进库存，通过其杠杆原理提高企业资金利用率，保证企业现金流；当原材料价格下降，企业库存因生产或其他因素不能减少时，在期货上卖出避免价格贬值给企业造成损失。期货公司可引导下游企业利用期货市场创造融资渠道：当现货企业需要融资时，通过质押保值的期货仓单，可以获得金融机构较高的融资比例。

3. PTA、LLDPE 与 PVC

PTA 主要用于纺织行业，LLDPE 主要用于农膜、包装膜、电线电缆、管材、涂层制品等领域，PVC 主要用于管材、建材、薄膜等领域。下游企业主要风险来自其上端原材料成本即中游企业产品的价格风险以及运营过程中的资金风险。为了保持原料采购的稳定性，加工企业可以参考 PTA、LLDPE 和 PVC 期货价格，并针对企业所在地与 PTA、LLDPE 和 PVC 交割地之间的基差做适当调整，进而签订原料的远期采购合同；对于没有上市的品种可以在 PTA、LLDPE 和 PVC 期货价格的基础上，增加合理的成本和利润，从而估计产品的远期销售价格，与下游贸易商建立相对稳定可靠的购销关系，这样 PTA、LLDPE 和 PVC 加工企业的采购和销售行为就有了价格参考依据。利用品种期货实现现货库存虚拟化；利用期货市场对采购实现库存保值；通过参与期货市场仓单抵押进行融资。

PTA、LLDPE 与 PVC 三者的下游消费在周期上并不相同，应根据 PTA、LLDPE与 PVC 消费季节性上的差异制定相应的服务模式。

PTA 季节性消费与价格规律：1—2 月，走出低位，价格保持震荡周期；3—4 月，春季下游需求增加，进口量较大，现货价位不断走强，期货出现较大上涨概率；5—7 月，价格保持震荡周期，进口量价齐跌，期货价格涨跌互存；8—11 月，秋季纺织业需求大增，消费高峰，现货价格重新走强，期货迎来年内第二个较大可能上涨时期；11 月底至 12 月，订单消退，报价转淡，期货下跌概率较大。

LLDPE 季节性消费与价格规律：3—4 月，工业生产逐步恢复，春耕开始，农膜及包装膜需求渐增，现货价格较为坚挺，期货较大可能出现上涨，其中 4 月上涨概率高达 80%；5—8 月，天气炎热，农膜需求很少，企业也很多进入停产检修期，期货市场进入价格调整期，涨跌互存；8—11 月，气温逐渐降低，进入棚膜生产备料期，迎来第二轮需求旺季，期货市场迎来年内第二个较大可能上涨时期；11 月至来年 1 月，棚膜及大蒜地膜生产旺季结束，受气温较低和春节影响，工业生产冷清，需求高位回落。期货有可能下跌，其中 12 月和 1 月下跌概率高达 64%。

PVC 季节性消费与价格规律：12 月至来年 2 月，随着天气转冷，建筑业停工，下游需求呈现萎缩的局面，企业整体的开工率处于全年较低水平，期货下跌概率最大，平均下跌幅度也最大；3—5 月，生产企业开始陆续提高开工率，下游消费企业随着气温的升高，开工率逐渐回升，现货价格开始逐步走高，第一个价格上涨阶段到来，期货出现较大上涨概率；7—8 月，受高温天气影响，大部分企业选择在这两个月对设备进行检修，而房地产对 PVC 的消费也会阶段性减少，现货价格基本上处于平稳震荡阶段，期货面临盘整概率较大；10—11 月，受年末固定资产投资增加、房地产成交量增加及圣诞节来临欧美塑料产品订单增加，现货需求上会出现一个小高峰，期货迎来年内第二个较大可能上涨时期。

4. 焦炭

焦炭下游企业主要指钢铁业、采掘业、化学原料及化学制品制造业、有色金属冶炼业、金属制品业、通用设备制造业等行业，其面临的风险主要有价格风险、库存风险以及原材料价格上涨和供应风险。钢铁等行业可利用套期保值对冲原材料价格上涨以及汇率变动风险，并通过仓单质押贷款扩大资金来源渠道。

能源化工下游产业链分析见表 6－3。

表 6－3 能源化工下游产业链分析

	主体	风险	期货服务
天然橡胶	橡胶制品业和以汽车行业为代表的终端消费企业	价格风险、库存风险、原材料价格上涨和供应风险	协助终端企业进行期货市场套期保值业务，控制原材料采购价格；虚拟库存管理降低经营成本；通过参与期货市场进行融资
PTA、LLDPE、PVC	纺织、农膜、包装膜、电线电缆、管材、涂层制品等领域		参考 PTA、LLDPE 和 PVC 期货价格，针对企业所在地与 PTA、LLDPE 和 PVC 交割地之间的基差做适当调整，签订原料远期采购合同，控制采购价格；参与期货市场进行融资；利用品种期货实现现货库存虚拟化
燃料油	燃料油客户终端：发电厂、工业用户、石化行业用户	价格风险、库存风险、原材料价格上涨和供应风险、生产安全风险	根据市场走势和企业对价格风险的承受程度，制定合理的套期保值制度和策略，控制采购价格；虚拟库存管理降低营运成本；通过参与期货市场进行融资
焦炭	钢铁业、采掘业、化学原料及化学制品制造业、有色金属冶炼业、金属制品业、通用设备制造业		控制采购价格；通过参与期货市场进行融资

第二节　期货公司服务能源化工类产业客户模式

一、期货公司服务产业链上游模式

服务对象是天然橡胶种植及加工企业，燃料油炼化企业，合成树脂生产企业，炼焦煤勘测、开采与加工企业。服务内容包括价格指导、套期保值、采购支撑、销售渠道升级、库存管理优化、套利、投资与融资等。具体服务措施如下：

作为能源化工生产企业，经营的最大风险在于能源化工价格可能会下跌。期货价格变化领先于现货价格变化，具有价格指导意义。期货公司能源化工研究部门应紧密追踪期货价格，通过深度分析价差结构所反映的供求关系，为能源化工生产企业的定价和生产安排提供现实依据。

期货公司协助企业在期货市场上寻找合适的价格将能源化工产品进行卖出保值，以期货市场的空头来保证现货市场的多头，以规避价格下跌的风险。

期货公司协助能源化工上游企业通过现货和期货两个渠道完成销售任务，一方面，参考期货市场价格确定现货销售价格；另一方面，作为现货销售的补充，在期货价格理想时，直接通过期货交割实现部分销售。

除此之外，库存风险是价格下跌的主要风险载体，因此，针对库存进行套期保值才能真正合理规避风险。按照企业经营状况预测各月的产出量和销售量，针对实际库存（当月产量+原有库存量）和预计库存（今后三个月的产出量）进行滚动卖期保值操作。卖期保值建仓可分两步进行考虑：对于实际库存，核算企业的经营成本，判断按期货当前价位销售企业是否有合理利润，若利润合理，则对所有实际库存在期货上一次性卖出。若不合理，则此时很可能面临熊市行情，市场走低，此时，在期货市场按技术分析手段逐步逢高卖出。对于三个月预计库存，按不同交割月在期货上进行卖出操作。如果行情看涨，远期升水，则在核算成本合适的情况下直接建仓；若行情看跌，远期贴水，则远期也采用技术分析寻找反弹价位建仓。

二、期货公司服务产业链中游模式

服务对象是橡胶贸易企业、焦化企业、专业燃料油供应服务商、合成树脂贸易商。服务内容包括定价指导、综合套期保值、采购与销售升级、库存管理优化等。具体服务措施如下：

期货公司应协助贸易商利用套期保值对冲原材料价格上涨，应对来自上游企业的成本冲击。贸易商可采用“点价”方式来定价，即先定下基差，期货价格由买方在未来一段时间内选择确定，这一“期货价格+基差”的定价方式，为现货企业提供了更多的选择，并在一定程度上降低了传统贸易定价方式的价格风险。

贸易商可利用能源化工期货作为现货销售的补充，在期货价格理想时，直接通过期货交割实现部分销售。应用点价模式的同时，企业与期货公司合作，进行合理的套期保值，可以让点价交易双方在不同的价位完成商品的购销。具体来说，期货公司协助贸易商在期货市场上卖出与现货相等数量的头寸，届时符合交割要求的现货做期现交割收益，对于不符合交割标准和远离交割库的现货，贸易商应加大销售力度，采取先卖现货再平期货。而期货公司应协助客户在合约规定的交割期内办理好相关的手续，办妥标准仓单、增值税发票、货款等交割事宜，完成实物交割。

企业可利用期货市场进行库存管理，包括降低企业库存成本、库存套利和锁定库存风险三个方面。利用期货建立库存只需要10%的保证金，既节约资金占用成本，又避免仓储损耗。当期货合约前面月份价格高、后面月份价格低时，就产生了利用不同月份合约套利的机会，企业可以通过在卖出实物库存的同时，买入远期合约来赚取价差。

贸易企业在原材料采购、运输过程中会受到运费波动和气候变化等各种因素的影响，导致产品到港价格变化，期货公司应指导客户参考波罗的海指数，参与海运掉期合约交易以及汇率期货期权对在运产品进行套期保值。

三、期货公司服务产业链下游模式

服务对象是橡胶制品业和以汽车行业为代表的终端消费企业，硬制品建材与薄膜片材等软制品应用领域，发电厂、工业用户、石化行业用户等燃料油客户终端，钢铁业、采掘业、化学原料及化学制品制造业、有色金属冶炼业、金属制品业、通用设备制造业等焦炭消费终端。服务内容包括套期保值、采购支撑、销售渠道升级、库存管理优化、套利、投资与融资等。具体服务措施如下：

下游企业主要风险来自其上端原材料成本即中游企业产品的价格风险以及运营过程中的资金风险。为了保持原料采购的稳定性，加工企业可以参考能源化工期货价格，并针对企业所在地与能源化工交割地之间的基差作适当调整，进而签订原料的远期采购合同；对于没有上市的品种可以在能源化工期货价格的基础上，增加合理的成本和利润，从而估计产品的远期销售价格，与下游贸易商建立相对稳定可靠的购销关系，这样能源化工加工企业的采购和销售行为就有了价格参考依据。

企业期货交易部门根据交易计划实施操作；企业财务部门应在期货公司

专家小组协助下控制好企业生产和现金情况，保证资金链安全。期货公司可引导下游企业利用期货市场创造融资渠道：当现货企业需要融资时，通过质押保值的期货仓单，可获得金融机构较高的融资比例。

能源化工品种之间往往表现出高度相关性，可进行跨品种套利。期货品种之间的价差走势具有明显规律性，与能源化工品种本身价格走势基本相同。期货公司应根据价差受不同期货品种价格波动的影响力度不同，以及不同期货品种的季节性差异，协助产业下游客户制定不同的套期操作策略，利用基差、价差变化赚取额外收益。

LLDPE 与 PVC 跨品种存在一定风险，在价差接近极限价位区建仓也并非绝对安全，历史上的“极限差价”，现在并不一定有效。上游原材料和加工方法的不同，下游亦不存在完全的替代关系，因此两个品种间不存在简单、直接的套利方法，操作需谨慎。套利组合中资产品质不同，不能以实物交割的方式平仓，因此当价差与预定方向相反，应当及时防止损失。

第三节　服务广东产业链：以 PVC 为例

中国 PVC 生产量和消费量均在全球排名第一。广东没有规模较大的 PVC 生产企业，但需求量居全国之首，是我国 PVC 进口加工最大集散地和全国 PVC 贸易商最集中的地区。当前期货与制造业的结合日趋紧密，PVC 期货市场价格发现、规避风险等功能，对广东 PVC 产业起到锁定风险、稳定利润的作用，有利于资源配置和风险投资，形成即时反映市场供需情况的价格参考体系，有效抑制市场供求失衡和非正常价格波动。广东 PVC 产业正在向“期货 + 制造”模式转型升级。

一、广东 PVC 产业链概况

广东 PVC 市场是全国 PVC 市场的晴雨表，是国内 PVC 进口加工最大集散地。广东 PVC 产业链主要由生产企业、贸易商、消费企业组成，产品上游与石油、煤炭紧密相连，下游与制造业、建筑业、农业、医疗器械、汽车等相连，应用相当广泛。

1. 上游生产企业及其面临的风险类型

在沪深证券交易所上市的 PVC 生产企业一共有 10 家，主要集中在东北和西部地区，没有来自广东地区的。广东 PVC 消费需求很大，但产能不足，主要依靠引进西南、西北及进口的 PVC 原料。

广东 PVC 生产企业规模小，面临的风险有价格风险、原材料价格上涨和供应风险、生产安全风险、政策风险和汇率风险。生产企业以上游闭口、下游敞口为主要特征，采用原材料大宗采购的方式，采购成本相对固定，但产品价格波动较大。

2. 中游贸易商及其面临的风险类型

珠三角地区是全国PVC贸易商最聚集的地区，广东省是国内PVC进口加工最大集散地，占全国进口量近30%的水平，广州的黄埔港近年来都是我国PVC的第一大进口港。

广东PVC贸易商利润主要来自“做行情”，即“低买高卖”。面临的风险主要有价格下调风险、原材料价格上涨风险、汇率变动风险、融资风险、运输风险等。贸易商经营过程中原料和产品价格都随价格正向波动较大，风险属于上游敞口、下游敞口的类型。

PVC产业链中游的贸易商处于中间环节，起着承上启下的作用，其议价能力受到上下游的挤压。近年来人民币汇率波动，PVC的主要原料电石和乙烯行情随之波动，使得广东PVC贸易商的议价能力有限，获利空间大大被压缩。

3. 下游消费企业及其面临的风险类型

从广东PVC消费企业布局来看，番禺主要是电线电缆，东莞主要是塑钢门窗，汕头主要是拖鞋鞋底，佛山顺德主要是管材。在沪深交易所塑料制品板块上市的33家公司中，广东上市公司有7家。

广东PVC消费企业长期存在生产技术相对落后、高端领域产能较小、产品附加值低等问题。PVC产业链下游企业的主要风险来自价格下调风险、汇率风险、库存风险、政策风险、原材料价格上涨风险以及运营过程中的资金风险等。风险具有上游敞口、下游闭口的特征：原料成本随价格正向波动，产品价格与原料价格相关性不大。

广东PVC消费企业多以出口为主，但2008年以来受全球金融危机、外围市场需求萎缩、各国倾销与反倾销政策的出台等外在因素影响，下游企业出口形势严峻。同时，下游行业门槛低、加工能力过剩、恶性竞争、假冒伪劣产品盛行等众多行业内在因素导致广东PVC下游加工业利润微薄。在国家政策方面，加工贸易遭遇限制，进口关税下调的贸易政策，节能减排任务的环境安全政策，人民币汇率政策，提高企业融资成本的金融政策，使得广东PVC下游企业核心竞争力被严重削弱。

4. 期货服务需求

PVC期货于2009年5月25日在大连商品交易所挂牌交易。大连PVC期货品种上市以来，交易活跃，PVC市场运行良好，价格发现功能得到初步体现。PVC期货交割地点有广州、佛山、上海、宁波、杭州、苏州、常州。大连商品交易所将广东省列为基准交割地点，14处PVC制定交割仓库中广东省占有 5 处，分别为中国物资储运广州公司、南储仓储管理有限公司、广东储备物资管理局八三〇处、广州华润物流有限公司、广州市川金路物流有限公司。其中除了南储仓储管理有限公司在佛山外，其他 4 处交割仓库均在广州市。当前，广东省许多 PVC 产业链企业意识到“期货 + 制造”模式的重要性。佛塑股份早就通过 PVC 期货进行交易，新增采购和销售渠道，期现结合套利操作，2010 年度开展期货套期保值交易的保证金最高额度高达 3 000 万元。广东 PVC 产业客户有如下期货需求：PVC 价格发现；对冲原材料价格上涨风险；对冲运输成本风险；对冲汇率风险。

二、广东 PVC 产业链期货服务选择

广东 PVC 产业客户应审时度势，利用 PVC 期货渠道优化企业经营，促进广东 PVC 产业链向“期货 + 制造”模式大步迈进。PVC 产业链对“期货 + 制造”模式的运用应立足于正确的定位：一是企业是否要保值是企业的战略选择，即企业要稳健还是要激进，若选择稳健发展方针必须进行 PVC 期货保值措施；二是企业要通过经营风险的大小决定 PVC 期货保值的方向和数量，企业若担心 PVC 现货涨就应该买入套期保值，若担心 PVC 现货跌就应该卖出期货保值；三是明确企业在 PVC 期货市场中的交易方针和交易规模，严禁抵制盲目期货投机交易，防止增大企业资金链的风险。PVC 产业链中的企业参与期货交易的总体原则是交易与风险监管分开，即设立专门的人员从事期货交易的分析、决策和操作，同时由另一个部门（通常为财务部门）负责风险监督。

财务部应建立严密的风险控制机制，以交易计划监督、交易过程监督、交易结果监督等业务流程来控制风险，控制公司参与期货交易的总资金和总规模。公司参与 PVC 期货交易的总资金应以企业的采购总量为基础，投入的 PVC 期货保值资金应以企业财务可承受的范围为限。公司风险控制部门应对自身参与 PVC 期货交易进行详细的财务评估。期货交易相关的财务评估应该遵循以下原则：①期货交易风险是否控制在既定的有限范围之内；②公司风险控制部门既对期货交易和现货交易进行单独分析，又对两者进行合并评价；③风险控制人员应该从较长的运行时期（如一年以上）来进行判断。

1. PVC 产业链上游企业

（1）对冲原材料价格风险。PVC 行业步入高成本支撑时代，广东生产企业的利润微乎其微，亟须有效的金融工具规避 PVC 原材料价格上涨风险。鉴于我国没有电石、电力、原油等与 PVC 生产成本直接相关的期货品种，广东 PVC 生产企业可通过焦炭期货、燃料油期货进行交叉套期保值，根据合适的数量模型确定最优套期保值比率，对冲部分煤、油、电价格变化带来的损失。

(2) 对冲 PVC 现货价下跌风险。作为广东 PVC 生产企业，最大的经营风险在于成本既定情况下 PVC 价格可能下跌。PVC 价格具有季节周期性，每年的7—8 月、12 月至来年 2 月都是 PVC 行业的淡季，PVC 现货价大多会震荡下跌，广东 PVC 生产企业应根据产量寻找适宜的期货价位，对 PVC 进行卖出套期保值，通过 PVC 期货市场的空头确保广东现货市场的多头，规避部分 PVC 现货价下跌的风险。

(3) 拓展销售渠道。广东 PVC 上游企业可通过现货与期货两个渠道完成销售任务。基于 PVC 期货价确定现货销售价，并把 PVC 期货作为现货销售的补充，通过大连商品交易所的交割仓库实现部分销售。期货拓展了企业的销路，化解了库存积压风险，保证生产装置正常开工。

(4) 优化库存管理。PVC 库存风险也是 PVC 下跌中承担的重要风险载体之一，因此广东 PVC 生产企业可针对自身库存进行套期保值。按照企业经营状况预测各月的产出量和销售量，针对实际库存（当月产出量 + 原有库存量）和预计库存（今后三个月的产出量）进行滚动卖期保值操作。对于实际库存，牛市时可对所有实际库存在期货上一次性卖出，熊市时可在 PVC 期货市场按技术分析手段逐步逢高卖出。对于三个月预计库存，按不同交割月在期货上进行卖出操作，行情看涨时可在适合价格直接建仓，行情看跌时寻求反弹价位建仓。

(5) 进行套利操作。PVC 生产企业可利用自身对市场的敏锐感在期货市场上进行套利交易，从而获得额外收益。方法有四种：一是期现套利，获得预期的无风险收益；二是跨月套利，以低风险获取相对稳定的收益；三是跨品种套利，如通过 PTA、LLDPE 期货寻找获利机会；四是跨市场套利，利用电子交易市场的远期合约拓展获利空间。

2. PVC 产业链中游企业

(1) 提高自身议价能力。PVC 期货市场初步发挥价格发现功能，其带有一定的真实性和预测性，集合现货市场的绝大部分信息。广东 PVC 贸易商可利用期货市场掌握广东现货市场的动向，制定有效的贸易策略，采用“期货价格 + 基差”的定价方式，改变 PVC 贸易商“做行情”的传统模式，并且通过确定最佳套期保值比率进行综合套期保值措施。PVC 期货推出后，上游可以接受贸易商的月均价、季均价的定价模式，同时利用净库存保值，既回避风险又扩大合作，下游可以接受远期定价，同时买入套期保值，和下游客户要更紧密合作。因此，贸易商与上游生产企业、下游消费企业建立相对稳定可靠的购销关系，提高企业自身的议价能力。

(2) 优化库存管理。PVC 期货可协助广东贸易商进行有效的物流管理，实现贸易创新。在企业库存成本方面，利用 PVC 期货建立库存只需要 10% 的保证金，节约资金占用成本的同时降低仓储损耗，通过期货和现货的滚动操作使得存货成本保持相对地位；在库存套利方面，贸易商可采用期现套利、跨月套利、跨市场套利来获取额外利润；在锁定库存风险方面，可采用“虚拟采购/销售”战术，牛市时可采用买入套期保值策略补充库存，熊市时可通过卖出套期保值策略，把 PVC 期货作为现货销售的补充，完成商品购销，避免库存积压。

（3）锁定运输成本风险和人民币汇率波动风险。2009 年以来全球物流成本总体呈上扬态势，人民币汇率波动，贸易商应根据波罗的海指数，参与海运掉期合约交易以及汇率期货期权对在运产品进行套期保值规避运输费用上涨风险和汇率风险。

3. PVC 产业链下游企业

（1）锁定 PVC 采购成本，改变库存管理模式。PVC 期货使得广东加工企业的采购计划有了价格依据，因此，广东下游企业可根据企业自身的流动库存、采购计划、销售周期，进行买入套期保值策略，防止各种因素交织作用下 PVC 价格上涨导致的企业采购成本加大。消费企业可实行“现货 + 期货头寸”的滚动型库存模式来满足连续生产以及持续经营摊薄高位库存成本的需要，并且利用杠杆效应节约资金和人力资本，实现“虚拟库存”管理。

（2）拓展融资渠道。下游企业在运营过程中会遇到资金紧缺的问题，其利用 PVC 期货市场创造融资渠道，以自身已经持有的或者拟交割所得的标准仓单作为质押物，获得银行等金融机构发放的以一定的质押率为基准的信贷资金，使得企业进行套利套保业务时可最大限度地减少资金占用或在有企业扩张需求时提高资金周转效率，扩大经营规模。

（3）规避人民币汇率风险。合理运用人民币汇率掉期合约，规避部分人民币汇率风险，提高企业自身的贸易竞争综合能力。

（4）进行套利操作。PVC 加工企业可在期货市场上进行套利交易，可采用期现套利、跨月套利、跨市场套利等方式来实现多样化盈利模式，尤其是可在 PVC 与 LLDPE 之间跨品种套利。现货市场中 LLDPE 与 PVC 两者走势基本一致，比价一般介于 1.4 至 1.8 之间，并且由于 PVC 成本刚性较 LLDPE 高，上涨行情时两者价差越拉越大，下跌行情时两者价差会缩小。因此，PVC 加工企业可利用 PVC 与 LLDPE 价差的季节性规律所带来的套利机会，在行情上涨、价差拉大前买入 LLDPE 卖出 PVC，在行情下跌、价差缩小前卖出 LLDPE 买入 PVC。具体操作：12 月至次年 1 月，PVC 和 LLDPE 较大可能下跌，当 12 月价差大且下跌价差缩小时，可卖出 LLDPE 买入 PVC；3—5 月两者价格较有可能上涨，3 月上涨前可买入 LLDPE 卖出 PVC；6—8 月两者价格较有可能处于盘整状态，5 月上涨结束后可卖出 LLDPE 买入 PVC；9—10 月较有可能迎来年内第二个上涨高峰，7—8 月可买入 LLDPE 卖出 PVC。但由于 PVC 与 LLDPE 上游原材料和加工方法的不同，下游亦不存在完全的替代关系，两个品种间套利存在一定风险，操作需谨慎。

广东 PVC 产业链的战略选择见表 6－4。

表 6－4 “期货＋制造”模式下广东 PVC 产业链的战略选择

	企业	风险	期货措施
上游	生产企业	原材料价格上涨风险、价格风险、政策风险、汇率风险	1. 基于焦炭、燃料油期货的交叉套期保值 2. PVC 卖出套期保值策略 3. 把期货交割作为销售的补充 4. 根据产量针对实际库存和预计库存的滚动卖期保值操作 5. 人民币汇率掉期合约 6. 期现、跨月、跨市场、跨品种套利交易
中游	贸易商	价格风险、库存风险、运输成本风险、汇率风险	1. PVC 综合套期保值策略 2. “虚拟采购/销售”战术 3. 海运掉期合约 4. 人民币汇率掉期合约 5. 期现、跨月、跨市场、跨品种套利交易
下游	型材、管材、电线电缆、涂层制品等领域	库存风险、原材料价格上涨风险、汇率风险	1. PVC 买入套期保值策略 2. “现货＋期货头寸”的库存结构 3. 期货质押仓单的融资手段 4. 人民币汇率掉期合约 5. 期现、跨月、跨市场、跨品种套利交易

第七章

期货公司服务有色金属类产业客户模式

第一节　有色金属产业链与期货服务

有色金属产业链是围绕有色金属产品生产及服务所形成的一系列相互联系、相互依存环节之间的上中下游链条，包括矿产勘探、矿产开采、选矿、冶炼、金属加工（粗加工与精加工）、终端消费品生产等主要环节；上游联系并影响采矿业、能源工业、交通运输业；下游联系并影响机械电子工业、汽车制造业、建筑业、五金制品业、交通运输业等。[①]

一、有色金属上游产业链

我国经济高速增长，城镇化与重工业化进程加快，拉动有色金属消费快速增长，但我国矿产稀缺，铝土矿、铁矿石分别仅占世界总储量的3%、10%左右，且矿石质量偏低，开采难度较大，有限的资源及采矿技术制约了上游企业的生产能力。

由于国内矿石供求失衡，有色金属对进口矿依赖程度日益加剧，容易受到国际垄断寡头操纵价格及各类复杂政治因素的不利影响，导致上游产业受制于人，进而影响到整个行业。有色金属上游产业面临较大的价格风险、进口导致的运输及汇率风险，以及国际政治变动带来的风险。

期货公司在服务上游产业客户时应密切跟踪国际行情和国内外经济发展状况的变化。各类矿石如果没有期货合约，可通过签订远期合同规避风险。外汇风险在铁矿石贸易中影响很大，应通过期货市场套期保值对冲汇率风险。2013年10月18日，我国在大连商品交易所成功推出铁矿石期货，钢铁产业链相关企业可利用期货市场做铁矿石套期保值，从而有效规避铁矿石现货市场价格风险，锁定采购价格。

---

① 本章参阅：朱江鸿．期现结合的有色金属产业发展模式［R］．上海期货交易所研究报告，2010.

有色金属产业链上游企业主要风险及控制见表7-1。

表7-1　有色金属产业链上游企业主要风险及控制

	主体	风险	风险控制
上游	矿山勘测、选矿、开采企业，矿石进口贸易商	定价风险、运输风险、天气风险、汇率风险、政策风险（宏观调控）	对冲汇率变动风险，预测运输费率的上涨，收购兼并增加定价话语权，市场供求预测

二、有色金属中游产业链

我国有色金属产业不仅是资源消耗大户，也是能源消耗大户，除了需要高品质的矿石外，还需要大量的辅助材料——煤、焦炭、水、电及熔剂等。我国有色金属的冶炼均需消耗大量的能源，一般高炉冶炼一吨合格的生铁需要消耗0.6~0.8吨焦炭，一吨电解铝大约消耗14 000度电，电解铝的成本中40%以上为电力，而发电也需要消耗大量的煤炭。即使能源、物流价格轻微波动，也会导致我国中游的冶炼金属成本的大幅变动，进而影响金属产品价格。期货公司应充分利用自身对期货市场反应快、信息把握全面、综合分析能力强的优势帮助冶炼企业制订套期保值方案。我国焦炭期货于2011年4月在大连商品交易所上市，在期货市场上对焦炭进行适当合理的套期保值，可以有效规避焦炭现货市场价格风险，锁定钢铁企业的原材料成本。

中游企业主要以冶炼型企业为主，在自身没有矿产资源的前提下，更多的是担心因精矿价格上涨过快而削弱其产品获利能力。企业原材料主要依赖国内矿山或从国外市场进口，进口矿由于运输周期较长，通常会在境外市场进行相应的保值操作。而对于国产矿部分，企业所面临的风险主要来源于两方面：一是原材料的成本定价周期超过产成品的情况下，企业原材料成本方面所面临的风险敞口；另一种是企业在矿料的采购价格已经确定而金属销售价格尚未确定的情况下，原料库存下跌的风险。

而对于拥有矿山的生产商来说，价格的上涨对企业非常有利，其担心的是金属价格的下跌会直接削弱企业的盈利能力，甚至是跌破成本价时给企业造成损失。

有色金属产业链中游企业主要风险及控制见表7-2。

表7－2 有色金属产业链中游企业主要风险及控制

	主体	风险	风险控制
中游	氧化铝（铁）厂，氧化铝（铁）进口贸易商，铜、钢材生产贸易商	上游原材料价格上涨，国际金属价格的波动，汇率变动，宏观调控政策、运输风险，产品销售，库存量大小，劳动力，生产资料价格，销售状况，下游需求不稳定	提供产业信息，利用期货市场锁定价格和利润

三、有色金属下游产业链

有色金属下游应用领域比较广，主要是由各类金属加工、合金加工等企业构成。企业种类繁多，规模大小参差不齐，市场准入门槛较低，议价能力较弱。企业产业集中度低，市场需求旺盛容易引起过度投资，造成重复建设，引发产能过剩，也容易导致矿产资源的无序开采，引发价格的剧烈波动。

为防止原材料价格上涨而增加企业生产成本风险，可通过长期套期保值策略形成符合自身需求的期货服务体系。下游企业普遍规模较小，对市场波动很敏感，对套期保值需求次数多、一次套期保值的资金相对较少，期货公司应该针对不同企业规模分类管理，针对行情的变化提供个性化服务，降低中小企业的风险。还可以利用远期合约反映出的价格走势来预估未来的供求关系和价格强度，从而提前为远期经营作安排。

期货公司应着力制订个性化的企业套期保值计划，帮助处于价格弱势地位的下游加工企业规避风险，改变价格接受者的弱势地位。套期保值方案的制订一定要在分析企业经营风险敞口的基础之上，结合企业的现货购销活动与定价模式，做到期现有机结合，采取适宜方式进行套期保值。否则非但不能为企业锁定成本或利润，反而会给企业经营带来额外风险。

下游加工企业面临采购风险、库存风险、销售风险等。加工企业的采购方式包括合同采购、随行就市采购两种，企业在采购时通常会面临履约程度差，采购周期长，采购量少以及采购时间受限，原材料供应商的惜售心理，同行业的采购竞争，价格的随机性等问题。加工企业的库存方式一般有两种，即固定库存和非固定库存，由此产生的问题包括库存贬值，旧货积压，难以把握入库、出库价格等。销售风险主要体现在加工企业难以把握销售价格、无法保障销售利润以及同行业的销售竞争。

作为一种有效的风险管理工具，期货之于企业生产、经营的重要性，已为国内上游企业普遍接受，下游企业对这一工具的认识还处在起始阶段。但随着近年来原材料价格的剧烈波动，尤其是金融危机后，国内有色金属下游企业“套保规避风险意识”逐渐觉醒。从整个行业发展来看，我国钢铁、铝、铜、铅锌产量均居世界第一，可见产业链下游有着巨大的套期保值需求，期货公司应该以这类企业为重点开发对象，做好套期保值服务。

有色金属产业链下游企业主要风险及控制见表7－3。

表7－3 有色金属产业链下游企业主要风险及控制

	主体	风险	风险控制
下游	有色金属加工企业、合金加工企业	采购风险、库存风险、经营风险、销售风险	套期保值，形成期货服务体系，提升绩效水平，扩大市场份额，预估未来的供求关系和价格强度

四、外汇风险

我们通过对有色金属产业链的分析可知各类金属都需要从国外进口，有的品种对外依存度接近70%，因此都会面临较大的外汇风险。这种外汇风险主要是指外币升值或人民币贬值风险。从国外进口矿石或金属时，预期外币将会升值或人民币将会贬值时，那么应该先买进外汇期货合约，当合约到期时再卖出外汇期货合约。这样可以弥补在现货市场上为购买外汇而多支付的本币，避免了外汇风险。

第二节 期货公司服务有色金属类产业客户模式

一、产业链上游模式

从我国有色金属期货市场发展情况看，期货公司在上游发挥的作用有限，主要原因有：第一，有色金属上游对外依存度较高，每年需大量的进口矿石，而国内缺乏相应的套期保值品种；第二，能够从国外进口矿石的企业都是大型央企，这些企业的套期保值量非常大，我国期货市场难以找到相应对手方；第三，我国获批在境外期货市场开展期货业务的大型央企基本上都有独立成熟的期货部门，有的还拥有上海期货交易所交易席位，可以独自处理好套期保值业务。

此外，由于没有参与境外期货经纪业务的资格，产业客户发展国外业务时，因期货公司不能提供相应的套期保值，将面临较大风险。由于能够从国外进口矿石开展业务的企业普遍规模大，属于具有代表性的龙头企业。期货公司在服务这类上游产业客户时，可以借鉴较为成熟的大型有色金属类企业套期保值模式。

案例　江西铜业的保值模式

根据公司阴极铜及铜杆线的生产规模和原料结构，江西铜业总体保值策略是对外购原料和铜杆线客户点价销售进行充分保值，对自产矿在高价位运行时不进行大量保值。保值目标为：现货采购和销售等业务板块都能够充分运用期货保值工具，灵活经营，做好原料采购和销售，在赢得市场的同时适时规避风险。据此，江西铜业针对不同业务环节，区分不同风险，设计了不同的保值模式。

1. 进口铜精矿和粗杂铜等原材料环节的套期保值模式

根据年度生产经营计划，确定原材料计划耗用总量，再除以期货交易天数，计算每日平均虚拟销售规划量（采购部门虚拟将原材料销售给生产部门）。该规划量扣除每日原材料到货作价量后的差量，即为每日在LME（伦敦金属交易所）或SHFE（上海期货交易所）进行期铜买（卖）建仓数量。当供应商供货后，在点价期内点价时，江西铜业会根据供应商点价指令和点价数量，将原套期保值头寸予以平仓。通过这种每日建仓的保值模式，经过期现对冲后，江西铜业的实际原料采购成本，基本接近市场年度平均价，可以规避铜原料采购作价方式多样化、采购数量不均衡及铜价剧烈波动带来的风险。

2. 阴极铜产品销售环节的套期保值模式

由于市场风险较小，较少使用套期保值工具，但若现货市场出现贴水现象，江西铜业会把当天计划销售量在期货市场上卖出，在期货到期后进行交割。这样，期货市场就为其提供了更高的销售价格，提高了企业利润。

3. 铜杆线等铜材销售环节的套期保值模式

为了规避客户远期点价带来的风险，在客户点远期合约价格的同时，公司在期货市场上买入相应合约保值，在未来现货交货日，将用来保值的期货头寸进行平仓。这可以规避在远期销售价格锁定后，铜价上涨使铜杆线原料成本上升超过铜杆线加工费的风险。

此外，公司签订采购合同后，按照自身冶炼回收率（产品主金属含量/原料主金属含量），将金属矿粉采购量折算成等量金属锭。当现货市场锭价格达到或低于对应的矿粉采购预算成本时，通过上期所买入等量金属合约对金属矿粉合同价格进行保值，之后在金属矿粉合同点价确定最终采购价格时，再将等量的期货买入合约进行平仓，通过期货市场合约利差对冲矿粉现货价格上涨风险，锁定原材料采购成本。

二、产业链中游模式

针对不同的市场风险，可以分别进行买入套期保值或卖出套期保值，有效规避企业在现货市场所面临的来自采购成本、库存滞压方面的风险敞口，如表 7－4 所示。

表 7－4　期货公司服务有色金属产业链中游模式

	规避采购价格上升风险	规避产品价格下跌风险
方向	买入套期保值	卖出套期保值
风险控制	130%	140%
合约选择	基于企业保值周期和所选合约占用的保证金及利息成本	
进场时机	金属产品售价确定时	
离场时机	对应金属采购价格的最终确定时	
套期保值效果评估	规避风险，产生损失或获得收益	

1. 规避采购价格潜在的上涨风险

根据套期保值操作的基本理念，应该买入套期保值，将风险率控制在 130%（至少可以抵御一个跌停板的风险度）。在合约选择上，重点考虑企业的保值周期和所选合约占用的保证金及利息成本。在进场时机上，主要考虑到企业做套期保值的最终目的是锁定预期加工利润，建议企业在所生产的金属销售价格已经确定之时，同时在期货盘面上做买入套期保值，保值头寸按照确定销售价格的产成品数量确定。因为保值的动机是对不确定的采购成本进行保值，因此离场时间确定在保值头寸所对应的铜精矿采购价格的最终确定时点上。

2. 规避产品价格潜在的下跌风险

当面临库存、产品销售风险时，企业所面临的最大压力是产品价格潜在下跌风险，根据套期保值操作的基本理念，应选择卖出套期保值，将风险率控制在 140%（至少可以抵御一个涨停板的风险度）。在合约选择上，重点考虑企业的保值周期和所选合约占用的保证金及利息成本。在进场时机上，主要考虑到企业做套期保值的最终目的是锁定预期利润，建议企业在采购的精矿价格已经确定之时，在期货盘面上同时做卖出套期保值，保值头寸按照所采购的精矿的数量确定。离场时间确定在保值头寸所对应的产成品销售价格最终确定的时点上。

企业在进行套期保值操作过程中，所面临的最大不确定性就是基差的波动，如果在企业的开仓和平仓两个时点上，期现价差保持不变，则企业可以达到完全保值的效果。而一旦价差出现波动，企业将面临两种情况：一是承担基差向不利方向变动时的损失；二是基差向自己有利方向变化时，获得额外的保值收益。

三、产业链下游模式

有色金属下游加工企业在采购原材料的同时，也需要销售产品。该采取何种套期保值方式，应与企业现货经营紧密结合，使套期保值的目标尽可能与市场相吻合。目标明确后，再确定具体的操作方案，内容包括保值量、均价、操作策略、止损点、资金运用及风险控制等。可将套期保值分成宏观保值和微观保值两部分进行。

宏观保值，是对库存进行整体保值，根据企业的库存量以及库存成本来决定套期保值的数量和策略，当期现货价差大的时候，就全部进行保值，反之，则不保值或部分保值。

微观保值，是根据每日的采购或销售流动量进行保值。以前多数企业为降低成本，往往只能在现货市场价格较低时囤积材料准备长期使用，占用大量流动资金。采用微观保值则只需投入大约 10% 的保证金，基本可确保原材料货源，减少企业资金占用和库存负担。

在确定大的套期保值方向后，期货公司应根据企业日常生产经营活动采取具体的套期保值方式。在不同的定价模式下，加工企业面临的市场风险性质不同，需要选择的不同方法，如表 7－5 所示。

表 7－5　有色金属下游企业在不同经营条件下选择的方法

先购后销	先销后购	同购同销
先采购钢材，确定价格或定价方法；后销售加工制成品，价格未定	先销售加工制成品，确定价格或定价方法；后采购钢材，价格未定	在采购钢材的同时，确定加工制成品的销售价格
卖出套期保值	买入套期保值	无须保值

第三节　期货服务钢铁产业转型升级：以广东为例

广东作为钢材消费总量居全国首位的大省，其自身总的钢材产量却不足以支撑自身的发展，每年从省外或国外调进的钢铁为 2 500 万吨左右。广东省钢铁制造企业主要有宝钢集团广东韶关钢铁有限公司、珠海粤裕丰钢铁有限公司、阳春新钢铁有限公司等。广东是集金属材料加工、生产、消费与供应于一体的重点省份，在发展钢铁行业，整合冶金物流资源，做强钢铁流通方面有着自身独特的优势。其优势体现在以下方面：交通运输条件好，海运和内河航运优势明显。紧贴钢铁市场，区域贸易和物流业发达，拥有健全成熟的专业市场。广东拥有乐从钢铁贸易市场、九江金属材料交易中心等目前国内最具规模、流通量大、贸易商多的专业市场，具备成熟的市场氛围和强大的辐射力和带动作用。广东省作为宝钢、浦钢、首钢等中外大型加工配送交易中心汇聚地，借助已有优势形成“全球采购、广东集散、辐射全国”的广东钢铁国际采购中心，并以此推动钢铁交易“广东价格”的形成。

一、广东钢铁产业链风险分析

1. 上游采矿业面临的风险分析

钢铁产业链上游主要是采矿业，广东省自身铁矿石和焦炭资源相对匮乏，钢材消费量和钢材产量之间存在巨大缺口，每年都需要从国外和省外调进大量的铁矿石。采矿业面临的风险主要来自铁矿石与焦炭等原材料价格的波动、运费的变动、汇率的波动、替代品价格的下降、需求与供给的变化、产业政策调整等方面。每年进口大量的铁矿石导致铁矿石成本价格的不确定性成为上游采矿业面临的最大风险。我国 14 家铁矿石上市企业，大多数分布在西北和西南，广东共有 2 只上市的铁矿石概念股，分别为广东明珠和博信股份。其中广东明珠持股的大顶矿业拥有的铁矿属于露天磁铁矿，开采时只需剥离表面土层即可采掘，开采成本比深洞矿井挖掘的成本低得多，具有储量、区域、扩产、安全等自身优势，在支持广东钢铁产业发展方面起到了重要的作用。

2. 中游钢铁制造商面临的风险分析

钢铁产业中游主要是钢铁制造业，面临的风险主要有进口铁矿石价格上升的风险、产能风险、库存风险、物流风险等。

目前广东省内钢铁产量尚不存在产能过剩现象，但落后产能仍存在，产业集中度较低，产业结构不合理，尤其是在中小型企业中，高耗能钢铁制造企业仍是主流。这些处于中游的中低端制造行业，一方面缺乏对上游的议价能力；另一方面向下游终端消费者转移成本是一个较长且艰难的过程。因此，继续淘汰落后钢铁产能，实施钢铁产业结构调整和产业升级是广东打造钢铁强省的重要方向，最终目的是使广东钢铁在品种结构、产品档次方面达到世界级水平。

3. 下游用钢企业和钢铁贸易商面临的风险分析

钢铁产业链下游主要是利用不同的工艺将钢铁加工成如螺纹钢、线材、型材、薄板等产成品，并利用这些产成品生产日用商品，涉及的企业主要有用钢企业、钢材贸易公司、钢材交易市场以及钢材电子交易所。用钢企业涉及范围较广，主要有汽车制造业、建筑业、电器制造业和造船业，面临的风险主要有钢铁价格下调风险、原材料价格上升风险、库存风险、运营过程中的资金风险、汇率风险以及政策风险等，风险具有上游敞口、下游闭口的特征，即高风险低收益。

钢铁产业下游的贸易商处于流通过程的中间环节，具有承上启下的作用，而中游贸易商的利润主要来源于买入价与卖出价之间的差额即“价差”。由于近年来上游钢铁生产商的利润率呈逐年下降趋势，在一定程度上使得中游贸易商的利润大大被压缩。钢材贸易商面临的风险主要来自于钢材价格下调、原材料价格上涨、汇率变动、融资、运输等方面。贸易商经营过程中原料和产品价格都随价格正向波动，风险属于上游敞口、下游敞口的类型。

二、钢铁产业链的期货诉求

1. 对冲铁矿石、焦炭、焦煤等原材料价格上涨的风险

广东钢铁产业单位炼钢成本中，焦煤、焦炭、铁矿石等原材料成本占单位炼钢总成本的比重达到70%以上，原材料价格的波动会给上游采矿业、中游制造业以及下游用钢企业带来不同程度的风险，长期来看，焦煤、焦炭、铁矿石等原材料的价格呈上升趋势，这将会使得钢铁采矿业、制造业和用钢企业承受原材料价格上涨的压力，存在巨大的经营风险。因此，广东省钢铁产业亟须参与相关期货品种的套期保值转移风险，进而锁定成本。

2. 形成统一价格，抑制集中度过低造成的负面影响

对比国内外的产业集中度可以发现，我国钢铁产业历年的产业集中度远远低于西方发达国家经济体的产业集中度，集中度较低造成定价过程分散，不同时点、不同地区的定价受到多重因素的影响，难以形成统一的价格，从而造成恶性竞争、价格战和资源配置失衡。合理利用期货市场可以在全省范围甚至全国范围内形成钢材权威价格，产业链不同环节的市场参与者都可以以此为参照系，合理安排生产计划和经营策略，引导资源优化配置。

3. 规避价格波动风险，保证企业利润

近年来我国钢铁行业平均利润尚不足5%，意味着全行业对成本上升的风险和价格下跌的风险抵御能力十分脆弱。通过参与钢材期货交易可以使钢铁企业提前锁定产品的销售价格，避免销售期遭遇钢价下跌风险。基于上游原材料铁矿石期货、焦煤期货、焦炭期货以及下游螺纹钢期货、线材期货，可给钢铁生产企业提供“双保险”，同时锁定上下游价格，确保稳定的利润空间。因此，期货市场的避险功能对于钢铁产业这样的低利润行业意义尤为

重大。

4. 锁定钢材价格风险，培育大型钢材贸易商

广东省虽有乐从钢铁贸易市场、九江金属材料交易中心等钢材贸易市场，但整个钢材流通市场尚未达到规模效应，钢材流通领域发展滞后在一定程度上制约了整个钢铁产业链发展质量。其主要原因是钢材价格的波动风险阻碍了贸易商的规模化。期货市场风险规避功能有利于钢材贸易商对其巨大的商品库存进行套期保值，消除后顾之忧的钢贸企业有望快速走上规模化道路。期货市场对流通环节的推动，将大大加快钢铁产业的结构升级与整体发展。

三、广东钢铁产业链战略选择

广东钢铁企业应合理利用钢铁产业链期货优化库存、改善经营管理，实现向前锁定成本和向后锁定利润的目标；要清楚企业自身需求，明确钢材期货交易规则，避免盲目进行期货投机交易；要明确是否参与钢材期货品种的套期保值交易，审视自身风险偏好（属于风险爱好者，还是风险规避者），依据经营风险决定钢材期货保值的方向和数量，企业若担心钢材现货价涨就应买入套期保值，若担心钢材现货价跌就应卖出套期保值；规范企业制度设计，企业参与期货交易的总体原则是交易与风险监管独立运行，设立专门人员从事期货交易的分析、决策和操作，另一部门负责风险监督；完善企业的风险控制制度和财务管理制度，包括交易计划监督、交易过程监督及交易结果监督，控制公司参与期货交易的总资金与总规模，套期保值需要的最大资金必须在公司财务承受范围之内。

1. 钢铁产业链上游企业

广东钢铁产业上游大型炼钢企业少，中小型钢铁厂商具有规模小、地域分散的特点，难以形成规模效应。广东钢铁生产企业可运用期货工具，对冲风险、实现企业的稳定经营；可综合利用焦煤期货、焦炭期货及铁矿石期货进行交叉套期保值，确定最佳套期保值比率和套期保值规模，借助期货交易对冲原材料风险；可针对自身库存进行套期保值，按照企业经营状况预测各月产出量和销售量，针对实际库存（当月产钢量+原有库存量）和预计库存（今后三个月的产出量）进行滚动卖出套期保值操作。对实际库存，牛市时可对所有实际库存在期货上一次性卖出，熊市时可在期货市场按技术分析手段逐步逢高卖出。对三个月预计库存，按不同交割月在期货上进行卖出操作，行情看涨时可在适合价格直接建仓，行情看跌时寻求反弹价位建仓。可通过现货与期货两个渠道完成销售任务，基于期货价确定现货销售价，并把期货作为现货销售的补充，通过上海期货交易所的交割仓库实现部分销售。开展立体式期货套利，可审时度势进行钢材期货品种跨市场套利（国内市场与国

外市场之间)、跨月套利(不同交割月份期货之间)及跨品种套利(铁矿石、焦煤及焦炭之间)。

2. 钢铁产业链中游企业

广东钢铁贸易商可利用期货市场掌握广东现货市场的动向，制定有效的贸易策略，采用“期货价格+基差”的定价方式，改变贸易商“做行情”传统模式，通过确定最佳套期保值比率进行综合套期保值措施。中游贸易商应关注外汇行情，审时度势参与外汇套期保值业务，可在一定程度上减少外汇波动带来的风险。螺纹钢期货可协助广东钢铁产业中游贸易商进行有效的库存管理。利用螺纹钢期货建立库存只需要缴纳合约价值5%的保证金，节约资金占用成本的同时降低仓储损耗，通过期货和现货的滚动操作使得存货成本保持相对地位；贸易商可采用期现套利、跨月套利、跨市场套利来获取额外利润；可采用“虚拟采购/销售”战术，牛市时可采用买入套期保值策略补充库存，熊市时可通过卖出套期保值策略，把螺纹钢期货作为现货销售的补充，完成商品购销，避免库存积压。

3. 钢铁产业链下游企业

广东钢铁产业链下游企业可根据企业自身的流动库存、采购计划、销售周期，进行买入套期保值策略，防止钢材价格上涨导致采购成本加大，可实行“现货+期货头寸”滚动型库存模式满足连续生产及持续经营摊薄高位库存成本的需要，利用杠杆效应节约资金和人力资本，实现“虚拟库存”管理；可利用钢材期货市场创造融资渠道，以自身已持有或交割所得的标准仓单作为质押物，获得银行等金融机构发放的以一定的质押率为基准的信贷资金，提高资金周转效率，扩大经营规模；对外依存度高的钢铁下游消费企业，可合理运用人民币汇率掉期合约，规避人民币升值风险。

第八章

期货公司服务产业客户的实践及借鉴

第一节 境外期货公司及其实践①

一、美国期货公司

美国是全球期货市场最为成熟的国家，是现代期货交易的发祥地。美国期货公司大致可分为全能型金融服务公司、专业型期货经纪公司及期货和现货兼营型公司三种类型。美国期货市场从以前以现货背景的期货公司为主流位置发展到现在以全能型金融服务公司占据主流位置，期货公司种类多、业务范围广，其期货业务渗透到各行各业之中，其客户服务模式主要是套期保值、期货咨询及信息服务相结合的综合载体，能提供融资、理财、收购等一条龙服务，满足产业客户产业链各环节的多重需求。

（一）FC Stone 公司

FC Stone 是一家从事商品交易风险管理的专业公司，业务包括商品期货经纪结算业务和风险管理咨询业务，具体分为三大块：一是商品期货期权经纪与风险管理业务；二是为现货商提供融资、仓储和物流服务；三是粮食仓储和贸易业务。客户包括大宗商品的上游生产者、下游用户以及其他期货中介机构。公司成立于 1968 年，由粮食仓储商发起成立，产业客户实行会员制。在会员需求的推动下，公司的风险管理业务逐步涵盖农产品、能源、林业产品和食品等期货期权产品。2000 年，公司收购了 Saul Stone 期货经纪公司，使公司商品交易和结算平台得到进一步扩展，从而使公司在美国各主要商品期货期权交易所均具备了结算会员资格，能够为在美国各交易所上市的所有商品期货和期权合同提供结算服务。

该公司从单纯的农产品期货交易成功转型为集农产品、能源、金融期货

---

① 近年来国际金融机构（企业）并购频繁。本章重在借鉴，对并购及企业名称变动未予更新，仍采用原名称。

和现货为一体的风险管理公司，定位逐步清晰：FC Stone 是风险管理公司而不是单纯的期货交易商。公司提供的风险管理整体计划包括：了解客户背景和仓储能力，对相关资料进行分析，制订套期保值计划，帮助客户开户，提供月度报告等。

公司将客户细分，根据客户风险管理能力采取分类服务和分类收费的经营模式。对于自身具备风险管理能力的客户，公司主要为其提供便捷的交易通道和有竞争力的交易佣金，而较少向其提供收费咨询产品。对那些不熟悉期货市场或风险管理经验和能力不足的客户，公司向其提供全方位的咨询产品。公司非常重视风险管理专业咨询顾问团队建设，拥有近 120 人的专业咨询顾问团队，公司咨询顾问负责对客户的原料和产品进行综合评估，以确定客户需要套期保值的风险暴露量，设计出一套量身定做的套期保值方案，以减少大宗商品价格波动对客户利润空间的影响。客户套期保值进入运作程序后，咨询顾问每月将对客户套期保值户头和现有头寸，以及从年初至评估月份套期保值方案的运行绩效进行动态跟踪。专业化咨询顾问团队及咨询业务增强了公司的竞争优势，增强了公司并购和开拓客户的能力。

该公司在美国及全球其他地区设立众多营业网点，为区域市场套期保值客户提供个性化服务。在为客户构建个性化套期保值方案时，FC Stone 公司的咨询顾问不仅考虑全球商品市场价格波动因素，而且考虑客户业务所在地的区域价格波动因素。作为套期保值工具，交易所交易的商品期货价格的波动主要反映全球商品市场价格波动因素，而对于中等规模的客户来说，区域价格波动因素对于套期保值方案有效性的影响比较大。区域商品价格波动因素，主要包括影响区域供求关系的天气因素，运输、仓储和保险等相关服务的便利性及其成本因素。公司对客户业务所在区域市场均建立了价格波动历史数据库，并在套期保值方案设计时充分考虑当地市场的价格波动因素，最终为客户量身定做出最合适的套期保值方案。FC Stone 公司的客户服务模式值得借鉴，其根据行业和区域把客户分成不同类别，期货业务渗透商品价值链中的每一个环节，为客户提供纵向一体化的服务。

（二）期货公司、农业合作社与农民套期保值模式

美国期货公司为农业提供全产业链服务颇具代表性。美国农业已经形成了一个产前、产中、产后各环节紧密相扣、系列服务的体系，各种农业联合体十分发达。农业合作社利用期货市场为家庭农场进行套期保值服务，支撑着高效率的现代化农业发展。

期货公司、农业合作社和农民在期货市场进行套期保值的操作，是通过双方签订各种方式的定价合同来实现的。期货公司、农业合作社首先和农民签订购销套期保值合同，农民按照合同中规定的条款向当地转运站交纳现货，

期货公司及合作社负责按合同中的规定条款执行套期保值操作。美国家庭农场一般通过合作社进入期货市场，社员是合作社的股东。

（1）延迟定价方式。农民先交货，后定价。农民按合同规定先把农作物运送到合作社的当地转运站，但无须立即确定卖价，而是可以在合同中规定的最后期限前的任何一天，根据市场价格的变动情况与合作社确定其货物的卖出价格。农民采用延迟定价方式的原因是：在收割季节大量农产品上市时，农场仓储能力有限而无法储存所有收割的作物，而此时产品价格又较低，因而农民既想免费把农作物存放在转运站，又想在未来价格上升的时候卖出农作物。优点在于：农民在卖货的同时不但可以不必立即确定卖价和基差，而且可以把农作物免费存放在转运站，节省仓储费用，并转嫁了自行存储期间货物品质变化的风险。缺点在于：交货时货物所有权发生转移，但无法立即拿到货款，农民只有在未来确定定价时才能收到货款。

（2）最高价格定价方式。这是作为农作物需求方的养殖户（如养牛场农户）与合作社最常用的定价方式。当农民认为目前的市场价格较低时，首先锁定这个价格作为其购买货物的最高限价。为了防止买货后价格下跌而失去成本优势，在定价的同时通过合作社在期货市场买入看跌期权，以期在固定成本的同时，能够在以后价格下跌时得到一定的补偿。优点在于：操作安全，费用固定；仅用有限的费用（权利金）参与市场，防范市场价格风险。当然，如果市场价格不发生变化，就会损失期权的权利金。

（3）最低价格定价方式。这是农民销售农作物时常用的方式之一。农民认可当前的市场价格，并想锁定此价格作为其出售农作物的最低卖价。在其向转运站出售农作物后，由于担心价格上涨，通过合作社在期货市场买入看涨期权，以此希望在农作物出售后仍能得到价格上涨的好处。优点在于：农民在交货后马上能获得货款；同将农作物储存在仓库待价而沽相比，购买看涨期权的权利金要比前者的费用低（前者包括利息、仓储费、干燥费、整理费等）；同样，如果市场价格变动不大，就会损失期权的权利金。

（4）远期定价方式。如果农民在农作物收割前认为某个期货合约的价格比较合适，就会先与合作社签订一个远期供货合同以锁定利润。合作社在与农民签订合同后，同时在期货市场上为合同做卖出套期保值。

（5）远期再定价方式。这种定价方式允许在最后交货日前，如果市场行情上涨，农民认为原来定价过低，他可以采取两种策略：重新定价，与合作社签署一个新的远期合同；取消原来的远期合同，中止此次交易。合作社在和农民签订合同的时候，为防止将来价格下跌，首先在期货市场购买看跌期权。如果未来价格上涨，农民二次定价并要求重新签署远期定价合同时，合作社立即在期货市场为新合同做卖出套期保值。优点是：定价方式灵活，可根据市场情况重新修改售出价格。缺点是：需要较高的服务费用和额外的期货权利金。

(6) 固定基差定价方式。固定基差定价方式允许农民事先与合作社确定未来某个月份的基差，即先行购买其认为比较有利的基差。农民交付农作物后在最后定价日前的任何一天可进行最后定价。在农民定价时，合作社为防止今后价格下跌（如果农作物还没有出售的话），在期货市场上做卖出套期保值。该方式对农民而言相当于只锁定了部分价格，即基差。由于农民事先锁定了基差，合作社承担基差变弱的风险。

二、西欧期货公司

西欧期货市场较为成熟。西欧期货公司服务客户主要通过其专业化的服务，如为众多实体特别是工业企业提供咨询、融资等个性化多选择的服务，为其资产提供管理服务，在全球为其产业链提供各种增值业务。

(一) 全能期货经纪商——曼氏金融集团

英国曼氏金融集团商业运营模式是一个多元化的模式，能够通过多种分销渠道提供各种衍生产品来服务投资者。这种多元化的、综合的运营模式使其成为横跨多品种、多个交易市场和地区的经纪服务公司。它为客户提供一个中心点，广泛多样的贸易替代品使其客户能够弥合互补的产品、交易市场和地区的差距。曼氏金融集团根据客户需要，可以为欧洲金融机构建立有效访问美国利率期货市场的途径；应亚洲制造商的需要，可以为他们提供在伦敦金属交易所进行金属合约交易或在纽约商业交易所进行能源合约买卖的渠道，以管理这些制造商的价格风险；或是为美国相关金融机构寻求合法进入印度期货市场进行交易的途径。由于能提供多样且稳定的产品，曼氏金融集团能够很快适应不断变化的市场环境和客户需要。

曼氏金融集团所提供的期货服务客户分类措施有：

(1) 折扣计划。对于知道如何进行交易和下单的客户，公司提供传统的自我掌控的账户给客户。客户可以一天 24 小时联络专业下单员和注册期货经纪人，通过公司提供的 MTrade 或 MTradePro 在线交易平台进行交易。基本费率一般根据客户的交易方式、每单交易合约的数量、每月交易合约的数量和客户的账户头寸来决定。

(2) 一对一计划。对于不是非常了解期货的客户来说，他们可以选择该项计划。客户将得到三位注册经纪人或投资专家的帮助。他们会对客户的每一步操作进行指导，帮助客户了解基本的投资管理业务、技术分析和下单技巧。客户每月还可获得价值不菲的市场研究报告和利用 MTrade 或 MTradePro 交易平台不限时在线交易的权利。

（3）全面服务计划。该计划由专门的经纪人操作。一个接受全面服务计划的客户将获得高度个性化的指引、协助和指导。从交易策略到正确的下单程序，每一个交易步骤都可得到专门经纪人的协助。负责此计划的经纪人还根据客户的经验和偏好提供费率折扣、在线服务等。无论客户选择何种服务水平，公司将提供相应的经纪人为客户服务。

（4）程序交易计划。公司自动处理来自客户交易顾问的交易指令，代理客户操作。10 年以上的客户有自动交易权咨询服务。公司会自动执行来自客户交易顾问的交易指令，同时每一笔交易必须得到客户的确认。

（二）融资服务型经纪商——飞马期货公司

飞马期货公司成立于 1986 年，最大股东为法国兴业银行，业务范围涉及 13 个国家，是 39 个衍生品交易所和 10 个股票交易所的会员，提供全球的证券期货买卖及结算服务。飞马期货公司的母公司在全球 75 个国家开设有 500 多家办事处，这给飞马期货公司的业务发展带来了便利，商业银行的背景使飞马期货公司在客户融资方面能够提供最优质的服务，其完备的环球经纪网络为服务机构客户带来了方便。

飞马期货公司经营范围非常广泛，主要集中在以下三方面：一是全球化的经纪服务，包括全球期货代理、全球清算、提供全球市场信息等，通过网络化和专业化服务，提供客户个性化的商品或金融期货合约来满足客户的需求；二是增值服务，主要提供资本证券、固定收益证券和投资理财等；三是电子贸易及资金管理等服务，包括咨询、保管、融资和组合管理等。

三、日本期货公司

日本从事期货经纪业务的企业主要有三类：第一类是大型的商品贸易公司，是有现货背景的大型企业，业务领域广泛涉及生产加工、仓储和出口贸易等，最初涉足期货市场主要是套期保值，随着业务发展开始涉足期货经纪业务，大都下设专门从事期货经纪业务的子公司；第二类是金融公司兼营期货经纪业务；第三类是专业型的期货经纪公司。

现以冈地株式会社促进日本掌握橡胶国际定价权为例来介绍日本的期货公司。冈地株式会社成立于 1951 年，是一家以期货为主的综合公司，在日本七十多家期货经纪公司中一直排名前列。冈地株式会社之所以几十年来保持持仓第一位，是因为客户大多是大型现货商和贸易商，特别是天然橡胶的客户，包括了东南亚所有的大规模橡胶生产企业、橡胶加工企业和橡胶贸易商。东京橡胶期货市场之所以有全球橡胶的定价权，也是因为冈地株式会社在三十多年前就开始开拓东南亚市场，积极引导东南亚的橡胶生产企业、橡胶加工企业和橡胶贸易商利用期货市场套期保值，使橡胶企业在几次大的金融风暴之中有效地规避了风险，赢得了利润。冈地株式会社的橡胶期货业务在日本和东南亚等地被广泛认同，也促使东京市场成为世界橡胶市场的风向标。

除此以外，冈地株式会社的原油和制品以及橡胶的现货交割、现货买卖也在日本期货经纪公司中保持领先的地位，尤其是交割。冈地株式会社的橡胶、粗糖、能源以及农作物的交割量长年在日本期货经纪公司中排名第一位。

冈地株式会社的客户不局限于日本，还拥有全世界各地的客户。冈地株式会社从 1980 年先后在新加坡、马来西亚、泰国、中国香港成立了期货或证券分公司。2008 年 4 月在中国上海成立了事务所，使冈地株式会社在亚洲建立起广阔的工作联系网络。对应国际市场，冈地株式会社在东京还有英语、日语、汉语普通话、汉语粤方言、马来语、韩国语 6 种语言或方言的对应交流专线。

四、中国香港期货公司

香港期货公司可分为三类：一是国际大投行；二是香港本土实力较强的金融集团；三是规模较小的本土或海外证券以及期货公司的分公司。香港作为国际金融中心，吸引了全球诸如摩根士丹利、高盛、UBS、摩根大通、德意志银行等国际知名投行，期货是其业务中的一部分。香港本地实力较强的金融集团一般是以证券、期货等综合性服务为主，如辉立、敦沛、新鸿基金融、英皇等，除了香港本地的期货期权外，还会提供买卖全球商品期货的渠道。

现以综合性服务公司敦沛金融集团为例来介绍中国香港的期货公司。敦沛金融集团成立于 1990 年，2002 年在香港联合交易所主板上市，是一家全面的金融服务公司，通过敦沛期货、敦沛证券、敦沛财务、敦沛资产管理和敦沛融资 5 家全资附属公司提供全面和多元化的金融服务和投资组合。公司的服务范围涵盖日本商品期货、美国期货、恒生指数期货、利率期货、证券、单位信托基金及保险相关产品、借贷、股票和企业融资等，为个人和企业客户提供一站式的投资理财服务。

敦沛金融集团从事多项金融服务业务，但期货经纪业务一直占主要地位。敦沛金融集团定位于“全面金融服务机构”，除了进行期货经纪业务外，还大力发展其他金融服务业务，比如证券经纪及证券借贷、企业融资、财富管理及保险代理、放债、坐盘买卖等各项业务。

敦沛金融集团非常重视品牌的建立和推广，在市场推广方面投放了大量资源，包括通过电视广告，参与香港及内地的金融博览会、合营企业研讨会，以及参加报刊及广播媒介的金融资讯节目，借以建立品牌效应。通过品牌的打造，敦沛金融集团的知名度得到提升，从而为集团带来了更多的业务。敦沛金融集团在同业中率先设立市场推广小组，以开拓及提倡电视、报纸和互联网等多种通信渠道，通过宣传新服务及跨产品行销的机会，从而进一步提高品牌知名度及研究实力。

敦沛金融集团根据其“全面金融服务机构”的定位，一直致力于招揽更多高级人才加盟，一直把员工培训作为重点工作推进。比如为客户主任设计了一系列的培训课程，以提升其专业知识及职业操守；鼓励客户主任及财务策划顾问考取各种金融产品牌照，针对客户不同投资目标和要求，为客户提供全面周详的意见；专门设立一支精干的研究分析队伍。

五、若干启示

发达国家和地区期货公司的业务发展模式各有特色，均已形成多层次的、多元化的、较为完善的行业结构。

（1）期货公司成为综合型期货经纪公司是趋势。期货公司归属于非银行金融服务行业，具有经纪、结算、场外交易、期权发售、基金管理、顾问服务及融资等职能，具有突出个性和综合服务能力。发达国家和地区期货公司大致分为：综合型期货经纪公司、融资服务型期货经纪公司、专业型期货经纪公司和贸易型期货经纪公司。期货公司正在逐渐成为以大型金融集团为主的综合性金融机构的分支，单纯的期货经纪公司在发展中由于核心产品单一而举步维艰，高投入与佣金水平的持续降低导致利润减少，小规模的公司只有被整合到大型金融机构中才能够得以生存。综合型期货经纪公司将是未来期货公司发展的一种模式。

（2）混业经营是趋势。期货业和证券业的融合是大势所趋，随着股指期货以及国债期货、利率期货等金融期货的推出，期货公司与证券市场、货币市场、外汇市场的业务联系将进一步深化。企业从银行取得贷款时，期货公司可联手银行敦促企业套期保值，使企业的采购销售流程和银行的存贷业务流程通过期货市场引入避险机制，提升企业和银行的抗风险能力。期货公司定位为金融中介，属于金融服务业，发挥着分配和管理风险的功能。成熟金融市场中的期货公司正在发挥着多种金融中介的职能。

（3）建立专业保值基金。通过期货基金的方式间接服务于企业的海外套期保值。目前，活跃在国际商品期货市场上的基金主要是投机型基金和保值型基金两种：投机型基金主要依托资金能力及技术运用能力，以投机交易为主；保值型基金依托自身的现货需求，以保值交易为主。在大型基金博弈的同时，形成了全球重要原材料商品的市场价格。

（4）以更加专业化的信息为实体客户提供服务，赚取产业链上更多的增值利润，而非仅停留在一般的套期保值业务上。

第二节 境内期货公司若干典型模式

一、境内期货公司服务产业客户模式概述①

境内期货公司在成长过程中，逐步探索服务产业客户的模式，形成了一些可以借鉴的模式。境内期货公司大致分为券商系期货公司、专业化期货公司、大型综合类期货公司。截至2015年底，境内共有150家期货公司，其中证券公司参股持股期货公司72家。大部分期货公司服务实体产业都是针对具体的某个公司来进行套期保值和产业链服务，注重专业化的服务。

总体而言，根据我国期货发展阶段和期货市场成熟度，境内期货公司服务产业客户模式可以分为三类②：①开拓市场型，通过宣讲期货知识及期货市场服务实体经济的功能，使潜在产业客户了解期货及期货公司的作用，从而培育与开拓市场；②专业服务型，为特定产业客户提供特定的专业服务，期货公司成为产业客户生产经营的一个重要帮手；③综合服务型，为产业链上的各类产业客户提供综合型服务，期货公司在产业战略联盟中的主导作用逐步呈现。

目前，境内期货公司处于开拓市场与专业服务阶段，走向综合性服务的路程还很长。总体而言，期货公司服务产业客户的能力，滞后于我国工业化进程，尚不能满足“金融+制造”产业模式转型的需要。

二、开拓市场型模式③

（一）中国国际期货：中小企业期货市场成长计划

中国国际期货自1997年率先在国内开展产业服务以来，积累了丰富的产业客户开发和服务经验。在对产业链开发和服务进行总结的基础上，公司结合市场需求，推出了“中小企业期货市场成长计划”，将大型企业的服务经验延伸拓展到中小企业。公司每年为中小企业提供数百场培训，横跨国内各主

---

① 本节参阅：屈正哲．珠江期货有限公司五位一体产业服务体系简介［EB/OL］．http：//www.ccin.com.cn/ccin/news/2009/11/18/100582.shtml；上海中期．构建有效风控体系探索服务客户特色模式［EB/OL］．http：//www.cngrain.com/Publish/NewFuture/201010/59643.shtml；中国国际期货公司课题组．期货市场服务于产业链发展的政策建议［EB/OL］．http：//finance.qq.com/a/20101209/005443.htm；中期在线．期货公司业务模式创新与服务国民经济［EB/OL］．http：//www.cifco.com.cn/academe/train_content.shtml？id=6904。近年来发生了多起并购，如中国国际期货有限公司收购珠江期货有限公司，中证期货收购新华期货。本书涉及的相关公司名称，仍采用并购前的名称。

② 此分类依据的是生产经营行为，并非公司规模与水平。

③ 此处仅指某一方面的生产经营行为属于开拓市场型，并非指公司整体属于开拓市场型，下同。

要城市，品种涉及国内现有和即将推出的期货品种，为相关行业近千家中小企业进行有针对性的、系统化的讲解。

近年来，中国国际期货推出了系列化的基础分析产品，并自主研发了“快枪手”交易系统、中期数据库、衍生品实时风险预警与管理体系、程式化交易策略等应用型系列产品，以切实有效地帮助企业做好风险管理与预警工作。2010 年 3 月 1 日，公司在中央电视台正式推出中期商品指数。公司运用该指数的宏观经济预警功能，帮助企业规避期货交易及生产经营中的系统性风险。公司还根据中小企业的需要，充当企业保值顾问，为企业定制个性化的保值策略方案，帮助企业提高决策质量；提供了标准仓单质押融资服务，帮助企业解决融资问题，提高资金利用效率。

（二）方正期货：“期货下乡”模式

2008 年以来方正期货有限公司（以下简称“方正期货”）主动适应“三农”发展新形势，以期货中介机构服务实体经济、服务地方经济为使命，制定了“期货下乡”战略，主动为涉农企业风险管理业务提供系统和专业的培训、咨询、示范、推介服务。

（1）以公司各地市营业部为基地，业务人员深入农村偏远地区涉农企业宣传期货知识，并通过树立“恒盛模式”“金山模式”等，发挥以点带面的示范作用，越来越多的涉农企业认识到期货的功能与作用。

（2）先培训，后接洽；先调研，后尝试；先计划，后行动。方正期货与湖南证监局和湖南省地方金融办合作，开展湖南 14 个地州市期货知识巡回培训活动，公司在长沙市粮食局、兰溪米市等地培训和推介早籼稻期货，为农发行澧县支行培训期货知识；公司研究所研发人员经常深入棉田、稻田调研农作物生长情况，将掌握的第一手资讯及时反馈给客户，并根据业务部门要求为企业量身定制各类套期保值报告。

（3）建立农发行、涉农企业、期货公司“三方监管”体系，切实加强对企业套期保值业务的规范。涉农企业始终把规避风险作为开展期货套期保值操作的出发点和终极目标，决不将套期保值资金用于投机操作，切实防范信贷资金风险，并形成一套行之有效的长效机制。首先，拟开展期货套期保值业务的涉农企业，必须经农发行湖南省分行核准后方能到期货公司开办该项业务，从源头上规范入市主体；其次，企业的期货平仓行为须经农发行湖南省分行有权审批人确认后方能进行，使企业期货交易过程始终置于银行监管下，确保信贷资金安全；最后，企业开展套期保值业务时，采取边收边套或先收后套的方式，控制合理的交易数量，有效防控期货价格风险。

（三）新湖期货：“驻厂调研”创新服务模式

目前许多企业关注的重点已经不是停留在是否利用期货市场，而是转换到如何有效利用期货市场的阶段。目前企业对专业期货服务主要有两个需求：一是对切合企业实际的专业套期保值策划方案的需求。产品销售、库存定盘以及原材料采购等受到市场变动的影响较大，参与期货保值的策略需作相应动态调整。二是当前商品价格的联动性越来越强，套期保值企业更多地需要关注全球（区域）宏观经济动向、汇率波动、商品定价链条的演变等更高层次的信息，而专业期货公司在宏观经济和产品研究上具备独特的资源优势。

现货企业通常对现货信息和行业基本面非常了解，而期货公司对期货市场的把握非常专业和深刻，两者协同合作可以充分发挥出优势互补的效用。为此，新湖期货有限公司的“驻厂调研”创新服务模式应势而生，并成为行业内产业拓展的一大亮点。

（1）驻厂前的准备工作：针对被调研公司所涉及的品种有较详细了解；利用各种资讯，了解被调研公司的情况；与被调研公司初步接触，获得公司的初步认可；准备好调研问题。

（2）驻厂前的沟通工作：驻厂前先将调研时间、工作进程、调研问题与被调研企业做沟通，以便被调研企业有针对性地安排接待工作；给被调研企业以保证，调研工作所涉及的数据和信息除了用于给企业的报告之外不做其他用途，需要时签订保密协议。

（3）驻厂时要注意的问题：围绕企业存在的风险做调研，需要有“发现问题”的眼睛。有时企业并不真正了解自己的风险所在，所以要用自己的观察来发现问题；尽量从客户的角度来了解客户的需求，结合期货公司的研发给出专业的答案；要对品种有了解、有判断，在调研过程中，会无数次地被问到各种与品种相关的问题，客户通过问问题这个过程中对期货公司的专业性进行判断；调研是期货公司学习现货流程和贸易的最佳途径。

三、专业服务型模式

（一）国投中谷期货：“一站式交割服务”模式

实物交割是期货交易的最后一个环节，它既是联系期现货市场的纽带，也是期货市场实现价格发现和套期保值两大基本功能的制度保障。2002 年，国投中谷期货有限公司（以下简称“国投中谷期货”）在行业内首推“一站式交割服务”模式，提升了公司的交割服务水平，成功塑造了公司的交割服务品牌。所谓“一站式交割服务”模式，即受客户委托可以为其设计交割方案、套期保值方案；代客户联系交割仓库、发货接货、交割预报，代客户办理现货检验、仓单注册、充抵、质押、注销，协助客户办理现货发运以及提供交割税票处理等一条龙服务。

由于交割环节涉及面广，工作内容比较烦琐，是现货企业参与期货交易的一个风险点，现货企业更希望期货公司能够为其提供更加专业、更加全面的一条龙服务，实现各环节信息的精确传递与相关工作的无缝对接，既能提高交割的效率，减少交割风险，还能降低现货企业的交割成本。最初，国投中谷期货仅为客户提供零散的交割预报、仓单注册、现货检验等单项服务，但在操作过程中，经常会有些客户要求提供更多的附加服务，当客户自己做一部分工作，又委托期货公司或相关机构完成一部分工作时，会经常出现因相互之间信息沟通不及时或工作节奏不一致，而出现各环节间衔接不上的现象。国投中谷期货从客户需求的角度出发，进行了充分调研，对以前零散的交割服务模式进行了创新，将交割服务流程进行了重新梳理与优化，明晰了各环节的职责分工和定位，形成了系统化的“一站式交割服务”模式，受到现货企业的欢迎。

作为国内最大的粮油食品企业之一——中粮集团的参股企业，国投中谷期货在农产品交割服务领域具有先天的资源优势。中粮集团的农产品交割库群和物流网络，遍布全国各地，可以为国投中谷期货的客户提供多种选择，同时，多年在粮油产业链的精耕细作使公司拥有一批稳定的套期保值交割客户，保证了仓单交换平台及期转现平台的功能实现。

（二）中大期货：天然橡胶产业服务模式

中大期货有限公司（以下简称“中大期货”）橡胶产业客户众多，从橡胶种植、乳胶生产、橡胶贸易到橡胶制品企业，为客户提供的服务包括交割、套期保值、个性化定制服务等。在对产业链各个环节企业的服务中，中大期货对橡胶产业链的上游生产种植企业、下游消费企业以及中游贸易企业，分别提供了不同的套期保值思路。

1. 天然橡胶生产企业套期保值服务

作为天然橡胶生产企业，经营的最大风险在于天然橡胶价格可能会下跌，在期货市场上应寻找合适的价格将天然橡胶进行卖出套期保值。库存风险是天然橡胶下跌中的主要风险载体，针对库存进行套期保值才能真正合理规避风险。①按照企业经营状况预测各月的产出量和销售量，将卖出套期保值的量分成两部分：对现有库存量进行保值（实际库存）；对以后预计产出量进行保值（预计库存）。②进行滚动卖出套期保值操作。实际库存表示已经存在的需要重点套期保值的天然橡胶量，预计库存表示未来三个月要产出的天然橡胶量。前者是肯定要卖出套期保值的，后者是否套期保值，多少比例套期保值，更加依赖于行情判断。采用滚动操作法进行平仓操作，即每售出一批货，此时库存减少，同时在期货市场平仓。同样，有新货入库的同时也进行卖出建仓操作。③以上操作方法针对库存进行，避免天然橡胶价格下跌对库存价值的影响。其优点主要在于重点依靠企业产量预测而进行，企业容易预测产量而难以预测销售量（销售量随行情变化而动）；在建仓之时只要价位合适就能保证企业具有比较稳定的利润率，而不过多依赖行情预测；销货之时即是空单平仓之时，容易核算每一笔期货操作的盈亏及相对应库存现货的保值效果。缺点在于初始建仓的时机选择关乎整体保值效果，因为初始卖出建仓的实质就是建立了一个虚拟的反向对冲库存，只有在尽量高的价位建立空头部位，才能保证企业在相对长的时间内有着比较大的盈利优势。后续空单建仓存在难处，因为天然橡胶生产企业产量是由自然规律的割胶量决定的，即使价格下跌，至少短期内存在有新货供应即库存增加的情况，而此时新建空单价位显得比较“尴尬”。

2. 橡胶制品企业套期保值服务

橡胶制品企业面临的主要风险在于原料采购成本增加。采购成本直接关系到企业的生产利润，同时还存在一定的周转库存，其价值也随着市场价格而变动。连续生产需要库存滚动，即无论橡胶价格熊市或牛市，均保持一定数量库存（视具体行情，库存的量有调整），以持续经营摊薄高位库存成本，同时维持连续生产的需要。

橡胶制品企业在熊市采购不成问题，货源充足，现货价格也可能较长期合约价格更低；但牛市中贸易商及原料供应商经常囤积居奇，原料采购企业经常需要面临采购成本的上升，库存滚动可以避免采购成本失去控制。这种方式缺点在于，当市场情况不利的时候，其库存承担损失的可能性更大，具体表现在：①熊市氛围中，执行长期采购合同给供货企业的价格高于市场价格；②牛市氛围中，执行长期供货合同给下游企业的价格低于市场价格；③库存在熊市中价值不断下跌。由于通常橡胶制品价格相对稳定，合理的周转库存缩水不会给企业经营带来比较大的风险，故可按照此套期保值思路来操作。

3. 天然橡胶贸易企业套期保值服务

对于贸易商来说，无论进货还是销售，两边都是敞口，价格风险暴露很大，同时还有库存，其价值随市场价格而变动。当前我国天然橡胶贸易企业经营分两种思路：①行情主导型，即以判断橡胶的行情为基础，当判断橡胶价格走势处于牛市时就加大企业库存，囤积一定数量存货以获利；当判断橡胶价格走势处于熊市时就减少橡胶库存或保持零库存，以避免存货价格下跌风险。②库存滚动型，即无论橡胶价格熊市或牛市，均保持一定数量库存（视具体行情，库存的量有调整），以持续经营摊薄高位库存成本。

第一种方式企业经营风险较大，第二种方式资金占用较多。但从行业地位来说，第二种方式经营的企业其行业地位更稳固，只要经营得当，其市场占有率会不断扩大。因为对于其供应方来说，熊市中能继续接货，对于其购买方来说，牛市中有充足货源，相对上下游来说，无论市场变化如何，都能起到“稳定剂”的角色。对于资金实力雄厚的贸易企业，采用此种方式似乎优点更多。该方式缺点在于，当市场情况不利时，其承担损失的可能性更大。具体表现在：①熊市氛围中，执行长期采购合同给供货企业的价格高于市场价格；②牛市氛围中，执行长期供货合同给下游企业的价格低于市场价格；③库存在熊市中价值不断下跌。对于以上三个风险，合理套期保值力争做到：熊市中按约定价执行采购合同，企业利用期货盈利；牛市中按约定价执行供货合同，企业也利用期货盈利；通过期货和现货的滚动操作使得存货成本保持相对地位。争取每一笔涉及套期保值的交易都使得现货的亏损能用期货盈利来弥补。

（三）银河期货：“农发行—银河”模式

2005 年起，银河期货在实践中积极探索，与中国农业发展银行和涉农企业密切合作，以期货公司为中介，创新推出了“农发行—银河”模式：一方面帮助涉农企业解决实际经营中存在的资金紧张问题和风险管理问题，做大做强涉农企业；另一方面帮助中国农业发展银行解决信贷资金安全问题，保障涉农信贷资金安全和顺利投放。现在已经从最初的黑龙江省一个试点向全国推广。该模式是在套期保值贷款业务基础上结合期货公司、银行和涉农贷款企业共同参与期货市场的全新尝试，银河期货利用国有企业的特殊市场条件，通过与银行和企业签署《套期保值业务三方合作协议书》，作为中介平台，从根本上解决了涉农企业和中国农业发展银行对于参与套期保值问题的矛盾。

银行、涉农企业和期货公司三方紧密配合，对中国农业发展银行客户从事期货交易的资金实行封闭管理：由期货公司和期货交易所协助中国农业发展银行对交易资金进行监管，确保资金回笼；企业在中国农业发展银行开立期货账户，由中国农业发展银行进行企业期货业务核算；期货公司根据企业自身现货业务的特点，以及对市场趋势的科学分析，为企业拟订期货套期保值交易方案；中国农业发展银行根据拟订的套期保值方案及企业的实际情况，核定贷款企业参与套期保值的资格。在套期保值交易结束后，经交易所结算、企业认定，由期货公司将其保证金余额全部直接划入企业在中国农业发展银行的账户。中国农业发展银行将企业的期货损益与对应的现货业务损益合并处理后，一并收回期货、现货业务的贷款。

四、综合服务型模式

（一）珠江期货：“五位一体”服务体系

珠江期货有限公司（以下简称“珠江期货”）及其战略合作伙伴摸索建立了“五位一体”产业服务框架，以珠江经济研究所的研发实力为龙头，围绕期货与现货相结合所产生的产业需求，为产业客户提供全方位的增值服务。

1. 产业客户盈利模式：套期保值、期现结合和套利

经过长期的实践探索，珠江期货总结出了适合产业客户的盈利模式——套期保值、期现结合和套利。珠江期货向企业宣传期货功能，为企业进行期货知识培训，帮助企业树立正确的投资理念，即企业参与期货市场不是为了赚取投机利润，而是以稳定生产、提高利润为目的。珠江期货根据产业客户的特点，推广套期保值、期现结合和套利三大模式。当市场行情呈上涨趋势的时候，企业担心未来的价格会上涨，企业在确定销售规模与销售价格的时候，就通过期货市场进行买入套期保值，锁定生产成本，保证企业的加工费用和利润空间。当企业库存量比较多、市场销售困难的时候，企业通过期货市场卖出套期保值，实现在期货市场上虚拟销售，等现货处理完毕之后再对冲平仓。做了保值的企业也不应该一成不变地持仓，而是应该运用基差交易的原理，把期货与现货结合起来，实现期货与现货“综合库存”。由于现货市场和期货市场对信息反应速度是不一样的，期货市场往往会出现较大幅度的波动和涨跌。当现货价格远远低于期货价格，即现货贴水的时候，企业把期货上的多头持仓平仓，持有现货；当现货价格高、期货价格低的时候，企业尽量减少现货库存，把库存水平转移到期货上去购买。当期货市场价格由于投机资金推动而出现不合理差价的时候，通过买入近期期货，卖出远期期货，扣除接仓单的资金成本费用，就可产生无风险的套利机会。每年期货市场都会产生几次大的套利机会，只要能把握住其中一两次，就能够大大提高企业资金的使用效率和经营成果。通过套期保值、期现结合和套利，珠江期货的产业客户得到了实实在在的好处，充分体会到了期货市场为产业服务的功能。除了有色金属产业链以外，珠江期货套期保值、期现结合和套利的服务品牌已逐步拓展到白糖、燃料油、棕榈油、塑料、PVC、钢材等其他品种，大大提高了产业客户利用期货市场功能的深度和广度。

2. 珠江期货特有的产业客户期现结合管理模式

期货公司作为连接企业和市场的桥梁，是现代产业链上非常重要的一环。随着市场的发展和企业需求的日益多样化，单纯依靠期货经纪通道和简单的研发报告已经远远不能满足企业套期保值的需要。期货公司必须深入企业的生产环节，了解其生产流程，对单个企业的流动库存、采购计划、销售周期进行详细了解和实时跟踪，据此为企业制订出个性化的产品保值服务方案。期货公司直接协助企业建立适应现货与期货结合的管理架构，成立一个小组、三个委员会：一个小组就是对企业领导层直接负责的期货领导小组，三个委员会分别是交易委员会、财务委员会、风控委员会。期货公司的专家直接参与到企业的需求分析过程中，发现企业利用期货的切入点，再为企业制订期货操作

的计划。交易委员会根据交易计划实施操作；财务委员会负责提供企业的生产和现金情况信息，保证资金链安全；风控委员会负责风险控制管理。

3. 建立现货与期货结合的长效运营机制

通过期货公司与产业企业密切配合，企业获得的并不是一次或两次的操作成果，而是一种长期有效的运营机制。把生产经营与期货真正结合起来，长期利用期货市场为生产经营服务，可以有效地规避价格波动带来的风险，锁定加工费用，确保利润空间，拓展订单销售，提高企业经营业绩。正是因为如此，对产业企业而言，形成长期有效的机制远比做对一波行情重要。珠江期货在为产业服务过程中，把期现结合整合成一套模式去推广，在理论与实践层面逐步形成一种创新的产业服务模式。

（二）永安期货：综合服务体系

永安期货股份有限公司（以下简称“永安期货”）在服务产业客户的实践探索中，逐步形成了全方位、多层次的综合服务体系。

1. 注重期货品种产业链研发，提升专业服务能力

永安期货围绕期货品种的产业链动态和期货工具在现货市场的运用，在分析师培养上走“产业化路线”，鼓励分析师通过参与行业会议、定期与业内专业人士沟通交流及到企业驻地调研等方式，逐步提高自己对期货品种的研究能力，做到“从产业来，到产业去”。永安期货对市场开发人员也提倡产业化拓展思路。

2. 积极培育期货品种市场，增强期货服务辐射力

（1）期货品种与专业小组工作模式。例如，为配合交易所开展 PVC 合约上市前准备工作，永安期货成立专门的 PVC 小组。和交易所一起走访华东地区代表性大型 PVC 生产、贸易流通企业，就 PVC 合约设置广泛征求意见。配合大连商品交易所、质检机构对华东市场上品牌口碑佳、流通贸易量最大的 18 家生产企业的产品进行质量抽检，为交易所交割品牌制度改革提供重要依据。这为向产业客户提供优质服务作了充足准备。

（2）期货品种与市场培育方式。针对新上市期货品种特点和投资者需求，永安期货举办多场新品种推荐会，向投资者介绍期货品种基础知识、交易规则以及现货情况等，邀请国内外知名专家对已有期货品种知识进行大规模的培训。

3. 协助各方做好交割工作，发挥期货公司桥梁功能

（1）协助设立 PVC 期货品种交割库。永安期货通过调研、实地走访等形式考察仓库，为交易所确定交割仓库提供参考意见。通过公司的桥梁作用，让地方仓库和交易所建立沟通，促成交割库设置。

（2）协助企业客户进行交割库品牌注册。这充分保证相关企业的顺利交割，为产业客户创建更大的贸易平台，为市场培育实力雄厚的投资主体。

（3）协助交易所完善交割职能。永安期货通过调研发现期货市场行情变化特征及原因，将结果提交交易所及时解决，既保障了产业客户顺畅交割，也促进了中国期货市场健康平稳运行，有效发挥了“桥梁功能”。

4. 利用期货套期保值功能，帮助企业增强风险管理能力

（1）灌输套期保值理念。永安期货帮助企业转变观念，正确认识期货市场的积极作用，通过对企业走访调研了解企业需求，根据企业特殊情况制定适合的内控机制，保障企业有效实施套期保值，以规避价格波动带来的风险。

（2）传授套期保值方法。永安期货通过多种方式协助企业进行人才培养。研究员通过走访企业，与企业保持长期的密切交流，为企业提供相关咨询和建议。公司通过派遣研究员进驻该企业或通过企业相关操作人员到永安期货实习等方式实现人才培养。

（3）在理念传输和方法传授基础上加强互动交流。永安期货有针对性地主动上门为各行业协会和企业提供品种走势预测、设计套期保值和避险投资方案，引导企业参与期货市场。

5. 利用期货工具帮助企业优化经营管理

利用期货市场可选择先定价后物流，也可选择先物流后定价的方式，利用期货市场优化定价管理模式，掌握定价的主动权，降低成本。

企业可利用期货市场进行库存管理，包括降低企业库存成本、库存套利和锁定库存风险。利用期货建立库存只需要10%的保证金，既节约资金占用成本，又避免仓储损耗。当期货合约前面月份价格高、后面月份价格低时，就产生利用不同月份合约套利的机会，企业可以通过在卖出实物库存的同时，买入远期合约来赚取价差。

6. 切实做好投资者教育，推广优质服务

永安期货每年协助三个交易所举办大型产业会议，邀请客户参与大会，客户、员工和同行通过会议平台进行交流和探讨；为更好地开展市场培育工作，针对新品种举办大型新品种推介会，对已有期货品种选取最近的热点话题举办大型会议；有针对性地根据不同客户群体进行区别培训；录制了一系列投资者教育的视频资料和相关PPT，供投资者在线观看或下载保存，以满足投资者持续学习的需求。

7. 紧扣地方经济特点，打造特色营业部

永安期货营业部切实立足当地，紧密结合地方经济特色，通过营销模式、营销品种、服务方式特色化，确定重点品种，优化资源配置，培育竞争优势，逐步形成了产业服务专业化的特色营业部，引导产业客户正确认识期货，使产业客户有效利用期货工具，促进产业壮大。

（三）华联期货：服务制造业中心产业转型升级

近年来，华联期货有限公司（以下简称“华联期货”）在各前台业务部

门抽调精干业务人员组成产业客户开发与服务小组，通过对产业链服务，能够促进整个产业群对价格变化的抗风险能力，更好地实现维护产业客户平稳运行的目标。华联期货围绕着期货品种相关产业链企业开展全方位的服务，逐步打造产业服务中的“华联模式”。

1. 通过行业协会作为切入口

华联期货通过成为行业协会的会员，然后聘请协会秘书长作为华联期货产业顾问的形式开展套期保值宣传，以最快方式找到产业客户开发的入口，减少客户开发成本。

（1）华联期货组织螺纹钢、化工、有色金属等产业客户小型报告会，集中或分散式客户交流沙龙，行业协会牵头的投资研讨会。营销团队通过与产业客户互动式沟通，了解客户的真实需求，采取通俗易懂的讲解方式介绍公司及期货市场和套期保值原理，多次沟通后能与部分产业客户初步达成共识，让产业客户从抵触期货到接受再慢慢过渡到主动关注。

（2）华联期货在钢材、白糖、塑料、有色金属等产业客户中挖掘出具有行业带动作用的企业或个人进行多方位 VIP 服务，建立长期战略合作关系，并全力支持由企业或个人组织部分优质客户开展期货品种产区和交易所交割定点仓库参观考察活动。考察能加深产业客户对期货市场的进一步了解，同时增强产业客户参与期货市场的信心。

（3）华联期货通过了解客户的真实需求，制定与区域市场相适应的营销模式。区域市场品种定位和营销团队组建完成后，认真收集和分析营销人员调研反馈回来的重要信息，包括已在其他同行业公司中参与期货投资的客户提出的意见和建议。营销人员对产业客户特性把握清晰，有的放矢地和产业客户交流，用通俗易懂的语言和客户沟通，让产业客户能有效接触期货。

（4）华联期货对刚进入期货市场的客户不论是个人开户还是机构开户都列入重点关注客户，根据客户的需求制订严格的投资操作计划，协助企业组建期货内部控制制度，在实施过程中不断优化，最终形成完善的操作流程，营销团队可将优化后的操作方案推荐给同类型产业客户，并由专业营销人员负责培训和解释，在客户充分理解的基础上实施操作计划。

2. 抓住目标客户，扩大产业客户纵深开发

华联期货通过细分专业小组，定位清晰明确的目标，做好市场细分，扩大产业客户纵深挖掘工作。市场部产业组分两条专业路线开拓产业客户（一条是钢铁、化工产业链，另一条是白糖、线缆、棉纺等产业链），将相关品种企业集中划分为核心重点企业、上市企业、大型企业和中小型企业，上游企业和下游企业，生产型企业和贸易型企业。产业组制定自己的行业数据库，根据不同加工贸易方式为这些细分企业提供不同类别的套期保值方案，不断

根据企业的情况更新套期保值实施方案，不断丰富和创新产品服务的内涵，让产业客户充分利用期货市场，发挥期货行业规避风险的作用。

对细分后的客户，营销团队提供更深层次的服务，服务方式主要采取人性化服务和专业化服务。人性化服务如邀请客户参加相关公司的羽毛球或者篮球运动等，让客户彼此有认同感。专业化服务则主要体现在客户交易结束后提供的行情分析日报及研判短信服务；交易中行情异常波动原因分析及风险提示服务；单品种或跨品种套利机会提示服务；单品种程序化模型服务；为期现结合贸易客户提供白糖、螺纹钢、有色金属区域市场与期货市场主力合约月份之间价差图表并分析期现价差交易机会；为纯套期保值客户提供全部买卖交割流程设计并配合交割服务；为产业客户提供品种研究月报、季报并根据企业情况制订个性化投资方案。

3. 与信托、银行、担保等金融机构合作

与四大国有银行合作，通过银行公司部或机构部推广期货宣传。产业部首先收集东莞各镇区和期货品种相关的企业名单，然后通过银行进行介绍，银行基于企业套期保值锁定风险相对比较认同；其次通过信托以及担保公司合作，给担保公司借贷质押企业提供专业的期货投资咨询服务和一站式全程服务，根据企业的特点与需求制订各种投资方案、套期保值方案、套利方案等。提供套期保值服务培训教育，企业套期保值内部机制设置，财务策划，内部风险管理，保值、融资交割等方案；始终扮演企业忠实的顾问和合作伙伴，为企业利用期货市场锁定企业利润控制经营风险，增强竞争能力；提升企业品牌；提高市场信用，降低融资成本等。

4. 培养产业链营销专才

产业客户营销对营销人员的专业素质要求很高，只了解期货而不懂现货的营销人员很难融入产业客户群。以市场部产业组为例，组建了两大营销团队，先后聘请东莞钢铁流通业协会秘书长为两大团队产业营销人员进行现货知识培训，长期以顾问方式分批带领产业营销人员去现货贸易现场学习交流，了解产业客户的各重要流转环节及风险点。

专业营销团队人员不但要求对期货品种基本面、交易技术分析方法有所掌握，同时要熟悉期货交易相关法律、法规及交易规则，全面掌握产业客户参与期货交易必须注意的风险点。深入产业链调研并完成产业或企业调研报告，帮助产业客户组建期货投资部门并代培期货操作人员。为产业客户提供简单的投资思路和建议。利用公司外派学习的机会指定专业营销团队骨干参加交易所及行业协会组织的培训，学习结束后在总部营业部团队内部展开继续学习和互动讨论，对一些新的营销思路进行深层沟通，结合本区域特点形成切实可行的方案。

5. 产业顾问与研发合作

华联期货创新形成产业顾问模式，聘请熟悉各行业、产业的资深人士成为华联期货产业顾问，形成产业循环服务模式。与高校合作举办一系列讲座，普及期货知识，宣传期货行业，引进人才或培养人员满足行业企业对期货套期保值人才培养的迫切需求；针对不同期货品种的上下游企业供应链，进行有针对性的上门培训与套期保值定制服务；与行业企业携手开展有针对性的企业客户专题培训。

五、总结：产业链期货发展模式

境内期货公司在服务产业客户时，或是依靠其大股东的现货背景，或是依靠特定地区的先天优势，只针对产业链的小部分进行产业客户开发与服务，即只针对上中下游的某一个具体环节开展服务。相比于国外成熟的期货服务模式，我国并没有形成将整个产业链全面纳入套期保值的期货服务模式，并且相关的期货服务模式比较单一，内容十分有限。

结合前文产业链期货服务模式，期货公司应该从产业客户面临的风险和根本的需求出发，从上游的原材料采购到下游的产品销售、库存管理，从企业内部的风险控制到企业外部的宏观经济、行业发展、市场情形，通过与银行、物流公司、贸易公司、行业协会、政府、高校协作，从上到下，由内而外为产业客户提供全方位、一体化的全产业链服务。比如，当现货企业到了交割日却没有足够多的货物，或遇到物流问题不能及时交割时，期货公司可从自身客户或与自身有着战略合作关系的贸易公司联系到相应品种的货物以解决产业客户的燃眉之急。

期货公司可结合自身特点，根据产业链服务特点，有针对性地推出“M+1+N”集群式全产业链服务模式，“1”是指产业链中的核心企业，“M”和“N”分别代表核心企业的上下游企业。这一模式通过金融服务把处于产业链上下游的企业紧密结合，为整个产业链上的企业提供融资支持。

（一）发展集群式全产业链期货

期货公司在四大类期货产品方面具有较强的研究实力，对于市场信息有较好的把握。期货公司在服务产业客户时可以结合自身信息传递及套期保值业务方面的优势，在“金融+制造”产业模式转型过程中，运用期货管理工具全方位地嵌入产业链与价值链，依托成熟期货市场丰富的期货工具，为企业提供全产业链的金融服务。利用“M+1+N”集群式全产业链服务模式服务产业客户可以充分发挥期货公司的优势。

1. 以大客户为依托，支撑整条产业链发展

期货公司应着力开发产业链中的优质大客户。由于大客户一般都拥有很

多的供应商和采购商，可以大客户为依托，沿上游供应商和下游采购商两个方向拓展，整合产业链的上中下游，充分发挥期货公司在产业链中的信息优势，帮助企业规避各类风险，在保证核心企业稳定经营的同时，也保持了整个产业链的稳定发展，促进产业转型升级，也有利于期货公司自身的发展。形成稳定的套期保值产业价值链之后，再不断向更多的上下游企业进行套期保值服务拓展，形成辐射的扩张趋势，形成良性循环。

2. 与银行合作帮助产业客户融资，发挥信息优势

期货公司通过与银行等金融机构合作，为融资银行提供及时的产业链信息，为有资金困难的企业提供担保，与银行实现风险共担，在银行与企业之间，特别是小企业之间搭建一个互动的平台。在发展产业链的同时，期货公司自身也颇为受益。在这方面境内期货公司由于受到分业管理的限制及自身业务资产规模的局限，需要相关政策等的改进与完善。

3. 提供“产业链信息”服务，担当企业风险顾问

我们对珠三角地区一些大企业进行调研发现，许多大企业对于规避风险的需求特别大，需要整合上下游产业链，选择合适的时机买入卖出。企业自身的期货部门分析能力有限，尤其是对国外市场行情的把握能力较弱。期货公司可以充分利用自身优势，全程参与企业原材料采购到产品销售的管理，提供企业管理咨询，担当风险顾问。在未来开放境外代理业务以后，可以更加直接地帮助期货公司参与国际期货市场。

利用期货本身所具有的价格发现、套期保值、利润锁定等特点，结合产业链本身的特点，及时给予上游生产企业相关产品的价格信息和国内外预期产量信息，通过优化服务，促成上下游之间需求与供给的衔接与匹配，促进企业锁定利润，控制风险。

（二）地方政府、期货公司与企业合作模式

借鉴有关实践，地方政府、期货公司与企业合作，建立一个区域性风险管理系统。地方政府定位于“权威媒介”，将自身转变为联系期货公司与企业之间的一座桥梁。期货公司作为服务实体经济的金融机构，通过政府的力量使市场更深刻地认识期货的内在价值。企业定位于做好主业、发展实体经济，利用期货市场价格发现和套期保值两大功能，指导决策、规避风险。期货公司研究部门、地方政府金融办、企业风险管理和战略规划部门是三者合作的实际操作部门。

期货公司研发报告除服务已有客户外，可提供给地方政府，以协助其制定区域经济政策和中长期规划。协助地方政府开展金融衍生品市场的筹建工作，可参与当地政府主导的大宗商品调研项目，协助政府给予相关企业信息和商品研究支持。

地方政府可定期将本地主要企业相关需求汇总提交给期货公司研究部门，使其能及时了解企业信息和市场动态，了解企业对于金融衍生品市场的需求。地方政府可将本地仓储信息或政策走向与合作方沟通。对专题研讨或项目报告，政府应给予期货公司资金和信息支持。地方政府金融办在条件成熟、当地企业与期货公司信用建立起来之后，应致力于推进两者之间的直接合作，引导期货公司研究部门由地方政府的“外脑”发展成当地支柱企业的“外脑”，提升金融产业服务实体经济的力度。

第九章

对策建议与支持系统

建立完善的产业链期货服务模式，需要期货公司、产业客户、政府管理部门、行业协会、相关企业、社会公众、媒体等社会各界的配合与努力，需要形成全方位、多层次、丰富完善的支持系统。基于期货公司的历史使命，政策与支持系统的作用在于形成一个良好的环境，通过期货产业性功能促进现代产业体系形成。

第一节　期货公司与产业客户的选择

一、期货公司主动普及期货知识

期货公司让各产业客户了解“波动在你眼前，期货在你身边”，可编写《期货知识简易读本》，通过出版、网络及微信平台等渠道传播，以通俗的语言、翔实的案例，把期货相关知识讲清楚。期货公司对产业链上、中、下游行为主体，要进行专门培训：金融衍生品知识教育，特别是对于中高级风险管理人员，使其充分了解期货、期权与金融衍生品；企业内部风险管理体系培训，主要介绍金融衍生品的规章制度和组织架构如何建立；设计符合实际情况的套期保值方案和操作规程，培训专业操作人员；建立事后评价体系。

期货公司要建立期货公司、企业、高校或科研机构、政府等多元化科研合作机制，研究期货及金融衍生品，培训专业人员。期货公司可申请设立宏观经济与期货方向的博士后流动（工作）站，可联合相关高校与科研机构建立多层次的期货人才培养体系。

期货公司要加强期货行业自律体系建设。我国期货市场信息不对称带来较多误区与负面影响，需要加强完善信息披露制度，提升期货公司从业人员的职业精神。期货业协会需要发挥行业自律的组织引领作用。

二、企业要从战略高度认识全产业链期货

在全球化与金融化时代，金融工具可以嵌入全产业链。发达国家期货市

场中，其最活跃的参与者包括各种形式的农户、企业和中介组织等。相比而言，我国期货交易所注册的法人客户并不多，很多企业甚至没有参与期货市场的意识。企业要积极参与产业链期货，实现全产业链套期保值。以钢铁为例：我国钢铁产业链已形成较完整的全产业链期货，包含上游的焦煤、焦炭及铁矿石期货和下游的螺纹钢、线材及热轧卷板期货。而目前参与到钢铁期货的大多是中小型钢铁企业和贸易商，而大型国企和地方骨干钢铁企业对钢材期货仍持观望态度。企业要积极了解期货的操作方法、操作技巧及风险应对，合理参与产业链期货，实现向前锁定成本、向后稳定利润的全产业链套期保值。

由于期货具有高杠杆，高度复杂性、技术性、灵活性与敏感性等特征，其风险防范和管理对市场参与者的专业技术、风险管控能力与综合素质有较高的要求。中小投资者要重视衍生品知识的学习，深入了解期货市场以及宏观经济形势，理性投资，控制风险；要加强与金融机构的合作学习，学会利用金融工具分散风险。

企业要理性认识投机。浓厚的投机氛围在一定程度上影响我国期货市场的运行效率。有些生产企业在期货市场上大肆做空或做多，不仅增加企业自身的经营风险，而且增加了期货市场的波动性。企业自身要树立风险管理意识，把自身风险防范制度、风险管理制度落实到位，能够积极主动、审慎有效地利用好期货市场，明确企业从事期货业务的目的是规避风险，而不是作为盈利的手段。

有条件的产业龙头企业要积极参与期货市场。龙头企业参与期货市场是企业经营和投资的需要，是做大做强企业的重要辅助工具。产业合作经济组织和行业协会要拉近企业与期货市场的距离，引导企业通过期货公司来了解市场的信息和行情的变化，合理参与套期保值。

农业需要进行工业化改造，实现工业化种植与养殖。主产区加快整合速度，形成规模化大型企业，从而实现规模效应，降低成本。以生猪行业为例：我国生猪行业要改变农户散养的主流模式，形成企业化养殖，利用大豆期货、豆粕期货，对冲价格风险，降低生产成本。

三、合理进行套期保值

期货市场套期保值者主要是机构客户，从事实体商品的生产、加工、销售、贸易等，分布在产业链的不同环节。针对产业链不同环节面对的不同避险需求，套期保值者可利用金融工具为其生产经营服务。

产业链上游套期保值者可通过订单方式把需要规避价格波动风险的商品整合在一起，用“订单 + 期货”模式转移经营风险。企业在银行等金融机构开立期货账户，由金融机构进行企业期货业务核算，并进行相应的贷款评估工作；由期货公司和期货交易所协助金融机构对交易资金进行监管，确保资金回笼。

产业链中游套期保值者，通过期货市场指导现货市场的贸易，如果期货市场趋势是上涨，则加大收购量；若表现疲软，贸易商需要尽可能与买方签署供货合同，约定相对有利的销售价格。中游套期保值者在商品现货采购受到限制的情况下可买入期货作为一种购买补充手段；在库存管理方面，利用期货市场卖出套期保值与现货交割相结合，可解决单纯的持有现货大量占用资金与提高存储成本的问题。现货销售不畅，期货公司采取相应措施规避价格下跌风险：在期货价格相对高位时，贸易商应与需求企业签订远期合同，稳定未来收益。

产业链下游套期保值者，可利用市场的升贴水指导库存管理，改变采购模式，如果远期期货价格低于近期期货价格，则应当采用削减现货库存，扩充期货来达到提高资金利用率的效果。如果贴水降低，企业可以在当地购买现货，卖出期货；如果贴水不变或者提高，企业可以接收仓单。如果远期期货价格高于近期期货价格，下游套期保值者则应当增持现货，并通过卖出期货或者仓单质押的方法来保持平衡的现金流。下游套期保值者可改变销售模式，利用期货的价格锁定功能，开拓远期订单业务，将远期订单业务的开展与买入期货相结合来锁定采购成本。

第二节 政府与监管层的选择

一、建立健全法律制度和市场监管体系

《期货交易管理条例》已实施多年，但我国仍需在规范市场参与主体、规范期货市场交易秩序以及消除现有法规体系中的制约因素等方面加强法律法规建设。金融衍生品市场代表了现代市场经济的高级发展阶段，对法治制度的建设有着更广泛、更深刻的要求，期货市场各个主体期盼《中国期货法》的出台来完善期货市场的监督功能。当前应推进制定《中国期货法》。立法的目标是为构建现代产业体系和在全球具有影响力的国际金融中心提供制度保障，应明确规定：期货业属于金融高端产业的地位；交易所公司制的法律地位；综合类期货公司等期货经营机构及其业务范围的法律地位；期货市场对国内外开放程度的法律依据。从商品期货市场投资主体的进入门槛、各参与主体的界定方面加强制度规范，加强金融市场交易的透明度，对各金融机构关于金融衍生品的交易与财会信息的披露作出强制性规定，完善市场交易和

清算制度，防止过度投机。

确立合理的监管理念，监控金融对实体经济的偏离度。用全球化的眼光注视金融衍生品市场和其他金融部门、实体经济以及国际金融市场之间的发展态势，监控金融市场发展特别是造成大宗商品金融化现象的一些市场因素的动态变化情况。以法律为保障，借鉴国际经验，形成政府管理、行业自律管理以及交易所和公司内部自律管理的三级监管体系。政府加强与行业、交易所、公司、国际部门的协同管理。建立畅通的信息共享机制。完善交易所的一级监管体制，防止内幕交易和恶意投机，对国际游资应建立实时监控和防范预警制度，防止其利用期货市场和现货市场恶意冲击本国金融市场。加强金融衍生品市场的国际监管与合作。衍生品交易的超国家性质需要加强国际监管协调，参考国际上最新的监管工具和手段，解决市场全球化、监管本地化问题。

将场外市场纳入监管体系，针对场外市场缺乏中央结算方和逐日盯市的制度缺陷，可参考伦敦清算所为利率互换提供清算与风险管理服务的做法，为场外交易提供统一的清算和风险管理服务。从事场外交易的机构需持有部分资本储备金以预防风险，交易者应对衍生品进行组合管理，利用净额结算和抵押协议提高风险控制能力，所有标准化合同都需进入中央结算系统并在交易所或电子交易系统中交易。

放宽对期货市场的准入限制，为期货市场增资增容，合适时可允许外资的进入，加快我国期货市场的国际化进程。政府相关部门应尽快放开资金和投资者的准入限制，通过健康有效的途径激发市场活力。实力较强并拥有高素质专业人才的期货经纪公司的参与，将有利于促进现货市场理性成分的形成，并为期货市场带来一定的稳定性与活跃氛围。期货经纪公司、金融机构和其他机构共同成立并管理商品期货投资基金，允许证券投资基金、保险基金等金融衍生品以合适的比例进入期货市场，提高期货市场的多元化发展，增强期货市场功能的有效发挥。

二、推进期货品种体系建设

期货公司服务产业客户面临期货品种限制。我国期货品种相对较少，许多产业无法利用期货市场，或需要大量交叉对冲。发达国家则形成了全方位、多层次的期货品种体系。我国需要全方位、多领域、系列化地开发期货产品。

（一）开发天气期货

天气期货是目前气象服务的高级商业模式，属于非物质期货交易品种，可以帮助易因天气变化而遭受损失的企业规避天气风险，甚至通过参与交易而从灾害中获利。

我国现有相对丰富的农产品、能源化工期货品种，推出天气期货，可以有效规避气候对各行业带来的风险。

（二）增设套期保值品种

1. 增设玉米套期保值品种

对于油脂压榨企业，期货市场有大豆、豆油、豆粕三种品种齐备的保值手段。对于玉米深加工企业，下游产品虽然较多，生产和贸易数量庞大，却没有任何一种对应的期货品种。应开发与玉米深加工产品相对应的期货品种，建议推出淀粉、酒精期货合约。

2. 增设稻谷套期保值品种

稻谷是我国第一大粮食作物，包括籼稻和粳稻。粳稻的重点产区在东北，面积占全国的46%、产量占50%以上。近年来，随着粳稻市场商品化程度的不断提高，粳稻价格波动也日益明显，种植户和相关企业的避险需求也不断加大，市场呼吁上市粳稻期货品种的声音持续高涨。

3. 全面开拓农产品期货品种

广义农业包括农业、林业、牧业、副业、渔业，目前农产品期货品种局限于狭义的农业，林业、牧业、副业、渔业面临避险需求，应当全面开拓农产品期货品种。

4. 无上市合约农产品交叉对冲

许多农产品面临价格波动风险，具有利用期货市场规避风险的需求，但在期货市场上却没有相应品种的上市合约。应当挖掘这些品种与有上市合约期货品种价格之间的关系，进行交叉对冲，达到更多品种避险目的，同时扩展产业客户的范围。

5. 油脂油料类应增设品种与交叉对冲

目前油脂油料类上市品种有豆一、豆二、豆粕、豆油、菜籽油和棕榈油。但是目前棉籽油、玉米油、橄榄油、葵花油和芝麻油的市场份额均有所增加，可以选择新的品种进行上市。

6. 上市金融衍生品期货产品

由于商品金融化与产业金融化，应该上市金融衍生品期货产品，调整和完善商品期货品种，实行商品期货的跨市场套利；挂牌交易国际期货品种；推出新型期货品种；开发上市金融期货期权；推出利率期货、外汇期货等金融衍生品期货。

三、完善期货公司服务产业客户的产业政策

管理部门在研究相关品种特别是有关期货上市品种的产业政策时，应征求期货监管部门和期货交易所的意见和建议，能够客观分析对行业的深远影响；

建议实行会商制度，使政策的制定更加透明、更加严谨、更加规范；逐步建立多层次价格发布体系与产业数据库；加快政府商品储备制度相关建设。

期货公司服务产业客户，需要信贷政策支持。有关调查显示，涉农企业对期货认知度和接受度明显高于农户，通过期货交易进行风险管理的意愿强烈。但不少涉农企业虽然有做套期保值的意愿，却贷不到款。部分银行各地分行对期货市场缺乏足够的了解，发放农业贷款时并不鼓励企业进行套期保值。2008 年全球金融危机爆发后，场外衍生品市场饱受诟病，国内期货市场也受到牵连，部分银行甚至禁止企业使用贷款资金进行期货交易，这极大地打击了企业参与套期保值的热情。这需要出台完善、系统的信贷政策，实现政府、企业与期货公司的良性合作。期货套期保值对企业来讲需要的资金量相对较高，但我国现行相关法规禁止银行信贷资金违规进入期货市场，目前无法开展套期保值贷款业务，只是开展所谓的“准套期保值贷款”，即向国内期货市场与其生产经营相关商品做套期保值交易的企业发放贷款的业务。该贷款仅限用于贷款企业的生产经营，不得用于期货交易保证金，即国内信贷资金只能间接地支持企业期货市场套期保值交易，而不能直接进入期货市场参与期货交易。我国目前的期货市场已经在逐步完善，政策性银行可以结合我国现状开展套期保值贷款业务，这有助于优化期货市场交易的主体结构和引导现货市场的发展，在一定程度上也可以降低国内银行的信贷风险。

我国需要进一步完善税收政策。我国目前征税针对的是期货交易流转额。期货交易的标的是虚拟化的标准化期货合约，期货交易的交易额不同于现货交易的流转额，不应以该交易额作为课税对象征收流转税。在国际税收实践中，对期货交易大多只征收行为税和收益税，通常不就其流转额课税。至于实物交割环节课征的增值税已超出期货交易的课税范围，而属于现货交易课税了。因此，结合期货交易特点，在税制设计上不宜对期货交易征收流转税，可对期货交易开征金融交易行为税。目前我国对期货交易所得不宜单设税种课税，应将其纳入企业所得税和个人所得税中一并征收。对于法人交易者无论出于套期保值还是套利投机的目的，应将其交易所得作为资本利得予以课税，在新颁布的《中华人民共和国企业所得税法》中设置“期货交易所得”税目，按其已实现的平仓损益的 20% 课税，其中资本净损失可以用资本收益抵补，不足抵补的部分可以在以后年度弥补，但弥补期限最长不超过 5 年；对于个人交易者仍按损益实现原则确定的期货交易平仓损益的 20% 征收个人所得税。改善现有的期货市场税收政策有利于企业转移更多的资金用于套期保值，加强企业参与套期保值的积极性。

四、提高期货市场开放度

在金融全球化背景下，中国期货市场应主动融入国际市场。目前我国对企业充分利用国外商品期货市场进行套期保值和投资施加严格的限制，只有部分企业获准进行境外期货交易。应有步骤地开放境内期货市场，使我国期货市场成为国际期货市场的重要组成部分；进一步放宽对期货市场的准入限制，适当的时候允许外资进入，加速期货市场的国际化；允许境内的企业和投资者参与境外期货交易，也允许境内的外资企业和投资者参与境外期货交易；进一步与国际市场准则接轨。我国期货市场的发展，应谨防成为国际市场的影子市场。

期货交易所立足于产业进行市场培育，举办国际性产业大会，完善期货合约和规则，促进产业与期货行业的互动交流，增强现货企业对期货市场的深入了解，提高会员单位市场拓展能力和服务水平；携手会员、信息机构、行业协会和地方政府开展市场推介活动；加强对重点产业客户的服务工作。上市后，期货交易所继续对重点地区的客户进行走访，上门介绍期货合约和相关交易交割制度，为企业答疑解惑，帮助企业进行风险管理。期货学院可培养会员和现货企业的期货分析人员，通过培训使会员和分析师了解熟悉特定行业，同样也使现货企业的采购和管理人员掌握期货交易规则和风险管理知识，有效缓解制约现货企业参与期货的人才瓶颈。

境内商品金融市场主要是期货市场，尚无期权交易所，互换、期权等结构较复杂的衍生品领域尚未开展。金融市场国际化是大势所趋，我国应完善金融市场配套的监管和交易规则，在发展期货市场取得经验后，逐步开展期权与互换，为境内金融衍生品市场的发展创造条件。

第三节　优化交割库布局

交割是期货交易的重要环节，交割库是期货市场拉动一个地区经济发展的重要桥梁。研究表明，我国期货交割库布局存在严重的非均衡现象：主要集中在东部沿海地区和三大交易所所在地；少数省份交割库涉及多个交易品种，多数省份交割库涉及少量交易品种；交割库并未集中在产区、交通枢纽、商品集散地或销区，而过度集中在个别省份。这会拉大地区差距，不利于区域协调发展。

一、期货交割库非均衡布局的影响

（一）交割库非均衡布局，不利于地区公平竞争

交割库对提升其所在地相关产业竞争力具有重要意义。企业获得交割库资格，有利于提高其品牌知名度，增强其行业话语权和品种定价权，可享受相关政策支持，拓展贸易合作和商业机会。交割库过于集中，在一定程度上

损害了市场公平性，并造成交割库资源浪费。

（二）交割库过于集中，导致投机过度，不利于产地生产经营

交割库离产地或集散地较近，作为卖出套期保值的生产者可以较低成本注册仓单，利于交割。如果交割地与产地或集散地空间过于分离，多头可通过购买大量合约要求更多交割，通过逼仓迫使空头到更远的地点购买现货来注册仓单，增加卖出套期保值者的交割成本。

（三）交割库对其所在地有较大的产业关联效应，布局过于集中可能拉大地区差距

交割库可激发所在地企业参与期货的热情，引导标准化、规模化生产，对所在地银行、保险、交通、包装、物流、基础设施等具有较强的产业关联效应。交割库过于集中，会拉大所在地与其他地区的经济差距。

二、优化期货交割库布局的建议

优化期货交割库布局，是一项系统工程。交割库布局，应既满足投资者交割需要又有利于期货价格发现功能的实现，要有科学的指导原则，形成稳定的交割区域。

（一）增加期货上市交易品种

增加期货上市交易品种，交割库相应会增加，有利于空间布局。目前发达国家形成了全方位、多层次的期货品种体系。我国期货品种相对较少，许多产业无法利用期货市场，需要形成全方位、多领域、系列化的期货品种。

1. 开拓农产品期货品种

期货品种不能仅限于狭义农业，还要满足林业、牧业、副业、渔业避险需求。期货公司要开发与玉米深加工有关的品种，推出淀粉、酒精期货；增设稻谷套期保值品种，推出粳稻期货；推出生猪期货。

2. 增设油脂类品种

期货公司可从棉籽油、玉米油、橄榄油、葵花油和芝麻油中选择新的品种上市。

3. 开发天气期货

中国现有相对丰富的农产品、能源化工期货品种，推出天气期货，可有效规避气候对各行业带来的风险。

（二）增加期货交割库的数量

目前我国期货交割库数量总体偏少，期货公司服务产业客户受到交割库数量与分布限制，应增加交割库数量，根据适度原则分布于不同地区。

1. 按市场均衡原则布局

交割库是空头与多头博弈的平台。交割库布局要与现货市场贸易格局相一致，应符合仓单流向要求，不能制约市场流动性。如果交割库所在地注册仓单者与注销仓单者力量不均衡，会造成一方交割成本增加。交割库数量要随市场交易规模变化而变化，新品种在市场规模不大时不宜多设交割库，满足交割即可。

2. 科学设计库容

库容是多方与空方博弈的关键点之一。交割制度应围绕交割保值者设计，不能为活跃市场而限制库容。只要现货符合质量标准就可入库，保证库容满足交割需要。新产品上市时，要科学估计交易量和交割量，恰当设计库容。

3. 探索设立二级交割库

在标准交割品的替代品供需量大或地理位置欠佳但有实际需要的地方设立二级交割库，作为一级交割库的补充，便于客户就近验货交割，降低交割成本，扩大套期保值范围。

（三）根据交易品种不同，优化交割库布局

1. 金属类期货交割库应按集散地或销区布局

金属生产不受自然条件限制，产区不会相对集中。交割库应按集散地或销区布局，方便消费者套期保值与迅速提货，对冲风险，锁定成本。如伦敦金属交易所交割库分布在世界各地，交割地点全部集中在净消费地区。

2. 农产品类与油脂类交割库应集中在产区或交通枢纽区

农产品类与油脂类生产受自然条件限制，产区比较集中，销区相对分散。交割库应集中在产区或交通枢纽区，有利于农户套期保值，有利于期货市场实现价格发现和引导决策功能，避免因误配导致往复运输，便于产品入库。

（四）推行期货转现货交割方式

在交割库布局尚未优化的情况下，可推行期货转现货交割方式，使买卖双方在确定现货价格同时，确定期货平仓价格，保证期现市场风险同时锁定。这能满足企业对不同品级货物的要求，可灵活选择交割地点，降低交割成本。

以螺纹钢为例：上海期货交易所规定交割的螺纹钢现货只能是上海期货交易所认定的品牌，最小交割单位 300 吨，交割有效期必须为自生产之日起 90 日内，并且自生产之日起 30 天内进入交割仓库方可注册仓单，且现货生产日期不超过连续两日，这一系列条件限制了螺纹钢的流动性，使得实物交割门槛及套利成本较高。因此监管层亟须改善钢材期货合约的设计，减少交割程序，降低交割成本，提高钢材期货市场的运行效率。

附　录

附录1　我国商品期货交割库分布存在严重的非均衡现象

期货是现代产业体系必不可少的组成部分，它通过规避风险和价格发现功能促进经济健康发展。交割是期货交易的重要环节，交割库是期货市场拉动一个地区经济发展的重要桥梁。研究表明，我国期货交割库布局存在严重的非均衡现象：主要集中在东部沿海地区和三大交易所所在地；少数省份交割库涉及多个交易品种，多数省份交割库涉及少量交易品种；交割库并未集中在产区、交通枢纽、商品集散地或销区，过度集中在个别省份。这会拉大地区差距，不利于区域协调发展。

截至2012年6月底，我国商品期货交易品种共28个，其中上海期货交易所10个、郑州商品交易所9个、大连商品交易所9个。三大交易所共设390个交割库，各有130个。

一、交割库集中在东部沿海地区

目前390个交割库分布在22个省、市、自治区。东部沿海地区12个省、市、自治区共设319个交割库，占82%；中部地区60个，占15%；西部地区仅11个，占比不到3%。

各省、市、自治区排名，前十名依次为：上海58个，江苏57个，广东42个，辽宁34个，浙江34个，山东34个，天津21个，河南24个，河北16个，广西11个，湖南10个，湖北10个。这些省、市、自治区共设351个交割库，共占90%。

值得关注的是吉林、黑龙江、重庆、内蒙古、宁夏、青海、甘肃、新疆、西藏等9个省、市、自治区没有期货交割库。

二、交割库集中在三大交易所所在地

上海期货交易所交割库分布在16个省、市、自治区，其中上海52个，

占40%。大连商品交易所交割库分布在9个省、市、自治区，其中辽宁33个，占25%。郑州商品交易所交割库分布在19个省、市、自治区，其中河南17个，占13%。三大交易所在其所在省、市、自治区共设92个交割库，接近总量的1/4。

三、少数省份交割库涉及多个交易品种，多数省份交割库涉及少量交易品种

上海58个交割库涉及13个交易品种，江苏57个交割库涉及17个品种，广东42个交割库涉及10个品种，浙江34个交割库涉及15个品种，山东34个交割库涉及12个品种，天津21个交割库涉及8个品种，河南24个交割库涉及7个品种，河北16个交割库涉及8个品种。其他14个省、市、自治区涉及的品种都较少，其中北京、四川、贵州、山西各自仅有1个交易品种。

四、交割库并未集中在产区、交通枢纽、商品集散地或销区，过度集中在个别省份

1. 农产品类期货交割库过于集中在部分产地，未覆盖主要产地

玉米、黄豆交割库集中在辽宁，玉米18个交割库、黄大豆1号10个交割库全部在辽宁，黄大豆2号9个交割库中5个在辽宁。强麦、硬麦、普麦等麦类交割库相对集中在产区，共28个交割库分布在6个省、市、自治区，其中河南11个、河北7个、山东5个。早籼稻18个交割库分布在5个省、市、自治区，其中湖南8个、江西7个。棉花18个交割库分布在8个省、市、自治区，其中江苏5个、山东4个、河南3个。白糖交割库分布较合理，共31个交割库分布在14个省、市、自治区，其中广西9个、广东4个、云南3个、天津3个。

2. 油脂油料类期货交割库集中在加工区

油脂油料类期货4个交易品种共设79个交割库。其中，江苏27个，约占34%，超过了1/3。豆粕、豆油交割库未设在原材料产地，集中在加工区。豆粕26个交割库，其中江苏9个、广东8个、山东5个。豆油22个交割库，其中江苏8个、山东5个、天津5个。棕榈油15个交割库，其中江苏6个、广东4个、天津3个。菜籽油16个交割库，其中湖北5个、江苏4个。

3. 能源化工类期货交割库集中在加工区或销区，过于集中在个别省份

能源化工类期货7个交易品种共67个交割库。其中江苏17个，约占25.4%，超过1/4。聚乙烯（LLDPE）11个交割库，其中江苏4个、广东3个。聚氯乙烯（PVC）14个交割库，其中广东5个、上海4个、浙江3个、江苏2个。精对苯二甲酸（PTA）9个交割库，其中江苏4个、浙江4个。甲醇10个交割库，其中江苏7个。燃料油9个交割库，其中广东5个、浙江2

个、上海2个。天然橡胶9个交割库，其中上海3个、海南2个、山东2个、云南1个、天津1个。焦炭5个交割库，其中河北2个、山西2个、山东1个。

4. 金属类期货交割库集中在上海

金属类期货8个交易品种共设112个交割库，其中47个在上海，约占42%。铜12个交割库、白银2个交割库全部在上海。铝22个交割库，12个在上海。锌16个交割库，9个在上海。铅14个交割库，5个在上海。螺纹钢与线材共12个交割库，其中浙江4个、上海3个、江苏3个、天津2个，作为螺纹钢与线材消费大省的广东则没有交割库。黄金34个交割库分布在10个省份，其中河南7个，山东、福建各有5个，上海、广东各有4个。

附录2　商品金融化程度测算：以锌为例

一、指标体系及方法解释

金属市场是商品金融化的一大重要领域，较农产品、油脂油料、能源化工等领域，其期现价格及国内外价格具有较强的联动性和一致性特点。一般认为，在一定范围内，一个商品金融化发展程度较高的市场，具有期现价格相关性较强，期货市场价格发现功能较好，期货市场影响力较大，其受到金融市场外部冲击较大，收益较稳定，套期保值风险较小，投机性较小等特点。本文以国内金属市场其中一个品种（上海期货交易所锌期货）的数据为代表，从正面的商品金融市场影响力大小，到反面的抵御风险与投机情况；从外部的系统风险冲击到内部的收益、风险、投机，多角度考察商品金融化程度，设计测算了期现价格互动效应，价格受金融市场系统风险冲击程度，收益的波动程度，期货市场规避价格风险的功能、投机程度等影响，进而研究金属商品金融化的程度综合指标。

（一）期现价格互动程度测算方法

本文将商品期现价联动作为考察重点。首先，对期现价格作了一系列基础性的检验，包括平稳及协整、期现价相关关系检验，以期现价相关度以及期市价格发现功能优度考察期货市场的作用；然后，建立期现价格向量自回归模型，并对模型作脉冲响应和方差分解分析，考察期货价格的现价基础，期价对期现市场的影响方式等。理论上一个发展程度较高的商品金融市场，其商品金融的力量（即期货市场的影响力）也较高。

本文中期现价格数据的平稳性检验采用图形分析和ADF（Augmented Dickey－Fuller Test）检验方法；协整检验采用Engle－Granger检验方法。因为供求、金融、经济、政治、预期等方面错综复杂的作用，期价与现价具有紧密的联系。

本文对期现价格的相关关系作了 t 检验。在一定的范围内，商品金融化程度越高，期货市场发育越充分，期现价格相关关系越大。期现价格相关程度可以作为衡量期现市场互动情况，考察期货市场影响力，进而判断商品金融化程度的指标之一。

价格发现是期货交易的一个重要经济功能。期货价格是国际市场上最广泛运用的参考价格，世界上在交易所外进行的交易，也大都是以交易所内得出的结算价格作为其成交价格的基础，交易所的结算价格是国际贸易和市场行情的重要依据之一。本文对期货市场价格发现功能作了检验。假设期货市场买卖双方对现价的预期符合自适应预期原理，人们对当期现价与上期现价的预期关系会根据当期现价的真实值与上期现价的预期之间的关系进行调整。即 $SP_t - SP_{t-1} = \lambda\ (SP_t - SP_{t-1})$，其中 SP_t 表示第 t 期现货价格，SP_t、SP_{t-1} 分别表示第 t 期，第 $t-1$ 期现货的预期价格，λ 表示预期因子，$0 < \lambda < 1$。用期货价格作为现货的预期价格，$FP_{t-1} = SP_t + u_t$，可得，$FP_{t-1} = \alpha SP_t + \beta FP_{t-2} + v_t$，其中 u_t，v_t 为随机扰动项，$\alpha = \lambda$，$\beta = 1 - \lambda$，$v_t = u_t - (1-\lambda)\ u_{t-1}$。综上所述，$FP_{t-1} = \alpha SP_t + \beta FP_{t-2} + v_t$ 的有效性就显示了用期价预测现价，期货市场对现市价格发现的功能发挥的程度。本文采用该模型检验结果的拟合度来代表其有效性，测算期货市场价格发现功能优度。期货市场价格发现功能优度越高，一定程度上意味着期货市场影响力越大，相应地，代表着越高的商品金融化程度。

建立在经济理论上的计量模型无法确保各经济变量间的确切关系，加之内生变量本身即可以作为解释变量也可以作为被解释变量，使得模型关系更加复杂。向量自回归模型提供了一种解决的方式，它将模型的全部内生变量滞后若干期的值作为各个内生变量的决定量，从而构建一组自回归方程。本文对期货价格和现货价格建立 VAR 模型，用滞后排除检验（Lag Exclusion Tests）、滞后长度标准（Lag Length Criteris）、AR 根和 Granger 因果检验对模型滞后结构进行检验，并对模型的残差进行自相关、正态性和怀特异方差检验，考察期价与现价的互动情况，特别是期货价格对期现市场的影响方式。因为向量自回归模型并不是通过经济理论建立起来的模型，所以在实践中分析向量自回归模型通常并不直接分析不同经济变量之间的相互作用，而是分析模型受到一些冲击例如某个误差项变动后引致的整个体系的动态变化，这就是 VAR 模型的脉冲响应函数方法。本文利用 Eviews 6.0 软件对期现价格建立起的 VAR 模型对应的脉冲响应函数进行考察，以帮助了解来自锌期货市场和现货市场的冲击对期现两市的作用方式。VAR 模型的脉冲响应函数考察模型中内生变量冲击后系统中各个变量各期的变化。而方差分解则研究各个冲击对用方差衡量的内生变量的变化的贡献度的大小。据此方差分解可以评价各个随机冲击对变量作用力的相对大小，亦即各随机冲击的相对地位。本文利用 Eviews 6.0 软件对期价和现价建立起的 VAR 模型作方差分解，分别测算冲击后现价方差、期价方差对期价方差的作用，以及冲击后现价方差、期价方差对现价方差的作用。也就是说，测算随机冲击后期现价格变化分别对期价变化的作用，以及随机冲击后期现价格变化分别对现价变化的作用。由于期货市场是商品金融化的表现形式，从中得出的期价和现价受期价的总体作用程度可以据以衡量商品金融化对期现两市的影响程度。影响程度越高，则商品金融化程度越高。

（二）价格受金融市场系统风险冲击程度测算方法

金融市场上的系统性风险是由于某些因素的冲击导致价格的整体性、普遍性下跌。系统的持续时间较长的风险导致价格总体发生趋势性的转变，这种转变是价格对冲击的一种反应。商品期现两市受来自金融领域的这种风险的冲击程度越大，说明抵御金融市场系统风险的能力越弱；反之，受到的冲击程度越小，说明抵御金融市场系统风险的能力越强。一个经济体商品金融化发展程度越高，商品金融市场的开放度越高，受商品金融市场系统风险的冲击越大，抵御系统风险冲击的能力越弱。

首先建立价格的自回归模型①。自回归模型：$P_t = \alpha P_{t-1} + \beta P_{t-2}$，用 Eviews 6.0 估计 α、β 的值，求解该差分方程，它的特征方程为 $\lambda^2 - \alpha\lambda - \beta = 0$，解得特征根 λ_1，λ_2。

则价格路径可以表示为：$P = A\lambda_1^t + B\lambda_2^t$，其中 A、B 为常数，P 为价格，t 为时间（$t=1, 2, 3, \cdots$）。采用受冲击前一段时期的价格和时间序列估计该模型，由于模型不可线性化，用高斯—牛顿迭代法，估计出系数 A、B 的值。

将受冲击期间的时间 t 序列代入模拟的冲击前的路径方程 $P = A\lambda_1^t + B\lambda_2^t$，可得出受冲击期间的价格趋势序列，作为原趋势的预测价格。以冲击发生时实际价格对原趋势价格的偏离程度衡量价格受到冲击的程度。

（三）收益率波动和套期保值风险程度测算方法

理论上，一个发展程度较高的成熟商品金融市场，市场信息更为公开透明，市场运行更为稳定健康，收益率的波动程度较小，期货市场具有较强的避险功能。因此，可以通过考察市场实际收益率的波动程度和期货市场规避价格风险功能来考察商品金融化的发展程度。

---

① 秦宛顺，陈衡．中国商品期货价格研究［J］．金融研究，1998（2）．

实际收益的波动程度测算：实际收益率的波动用 $E(Rp)-Rf$ 的标准差来度量。其中，$E(Rp)-Rf$ 为每月实际收益率，预期报酬率 $E(Rp)$ 为：（卖出价－买入价）/成本，其中现货市场的成本以买入价计算，卖出价以每月末日价格算，买入价以月平均价算；期货市场的成本以保证金计算（国内为买入价乘以保证金比率，国外为保证金数额），卖出价以每月末日收盘价算，买入价以月平均收盘价算，算出的收益率为杠杆收益率。无风险利率 Rf：国外市场采用伦敦银行同业间一月期拆借利率；国内市场采用上海银行同业间一月期拆借利率。

套期保值风险程度测算。期货市场的套期保值交易可以起到规避现货市场价格风险的作用。首先，通过期货市场进行期货合约的交易，可以使投资者和商品生产者等行为主体根据买卖的期货合约将未来的交易价格固定下来，在确定的价格下安排投资与生产，避免价格波动产生的风险。再者，利用期货市场进行与现市交易方向相反但数量相等的套期保值交易，基于期现价格走势一致的前提下，如果在现货市场上亏损，现货市场的损失可以由期货市场的盈利弥补。期货市场规避价格风险的度量：①期货市场把现价风险转变为基差风险。进行套期保值交易，就是在期货市场与现货市场作交易方向相异而交易量一致的买卖。套期保值者的盈亏不仅取决于现价的波动，也同时受制于期价的波动，其注重的是现价和期价之间的差额也就是基差的波动情况。基差＝现价－期价，所以期货市场把现价的风险转变为基差风险。②基差风险低于现价风险。由于商品期货价格和现货价格的构成具有一些共同基础，都受到生产成本、现实商品供求、各种费用、利润等方面的影响，理论上其波动的方向是趋于一致的。当然，这种波动的趋同性并不能确保波动幅度完全一致，所以现货价格和期货价格之间的差额（也就是基差）也是波动的。从波动程度上看，由于趋同性的存在，现货价格波动必然小于基差波动。这就表明期货市场有规避风险的功能。本文用基差风险来衡量期货市场避险的效果。③价格风险的度量指标。经济量的风险是指其波动程度，因此，风险可以采用标准差来衡量。本文采用现货价格、期货价格和基差的标准差来度量各自的风险大小。

（四）投机程度测算方法

期货市场上的投机同投资和套期保值一样有着重要的意义。投机者承担了套期保值者转移的风险，并获得风险报酬。投机能够改变市场上套期保值头寸失衡的情况，使套期保值者能够及时顺利买卖自身所需数量的期货合约，这是期货市场套期保值功能得以发挥的前提。同时，期货市场上包括投机者在内的为数众多而频繁的交易使得各种市场信息和行为充分碰撞、不断调整，有利于市场价格的发现，提高了资源配置效率。然而，过度的投机行为，例如以垄断和操纵为目的进行的规模过大的投机，不仅无法平衡市场和实现价格发现功能，反而会引起价格的过度波动，造成商品金融市场的价格偏离现货市场的实际价格，浪费社会资源，产生负面效果。在投机程度的测算方法上，本文综合采用了期价对现价的偏离程度、换手率两个指标。在一定的范围内，一个发展程度较高的商品金融市场信息公开透明程度较高，市场机制比较健全，发育较为健康，可投机机会较小。因此可通过投机程度的测算，考察商品金融化发展的程度。

从理论上看，在一个平衡而秩序良好的市场上，投机应该是适度的，期货价格和现货价格不应有太大的偏离。但如果投机性超过了一定的程度，则会引起价格的急剧动荡，造成期价对现价的偏离甚至严重背离。从这个角度出发，考察期价对现价的偏离就是考察期货市场投机性的方法之一。用下式表示：$\delta = |FP - SP| / SP$，其中 FP 为期价，SP 为现价。

期货市场上的交易量是买卖合约的总量，可以反映市场交易的活跃性；持仓量则是买卖方向尚未平仓的合约总量，一定程度上可以反映市场上实际订货需求。交易量和持仓量两者之比就是换手率，可以用来衡量投机性强弱。换手率越高，市场交易越活跃，投机性越强。

二、实证分析

上海期货交易所（SHFE）锌期货市场反映的是国内锌期货市场。而国外锌期货市场则采用伦敦金属交易所（LME）锌期货市场，因为 LME 是全球最大的金属交易所，其发布的金属数据被广泛用作生产与交易的参照基准，具有世界市场代表性，是公认的发展程度较高的成熟市场。本文采用 LME 锌期货市场代表国外商品金融化发展程度较高的成熟市场，以其为期货市场具有较强的影响力，受金融市场外部系统性风险冲击较大，收益波动和套期保值风险程度较小，投机程度较小的参照标准。将国内 SHFE 与国外 LME 所测算结果相比较，设定金属商品金融化程度的标准。

（一）数据来源及描述

期现互动效应测算，期货市场收益、风险测算采用锌期货价格和现货价格的月平均价。国内锌期货价格来自 Wind 资讯 SHFE 锌期货合约数据，现货价格来自中铝网提供的长江有色市场 0#锌数据；国外锌期货价格来自 Wind 资讯 LME 数据，现货价格来自 UNCTAD 网站的 LME 锌现货价格数据。美元汇率数据来自 Wind 资讯。

衡量收益采用期货价格月平均价、每月末日收盘价，现货月平均价、每月末日平均价；国内锌期货市场保证金比例、国外锌期货市场保证金数额；Libor 美元一月期拆借利率，Shibor 人民币一月期拆借利率。期货、现货月平均价格数据来源同上。国内期货月末收盘价来源于 Wind 资讯 SHFE 期锌月末收盘价，现货末日均价来自中铝网长江有色市场 0#锌价。国外现货末日价格来自 Wind 资讯 LME 数据。国内锌期货保证金比例数据来自 SHFE 锌期货合约，国外锌期货市场保证金数额来自伦敦清算银行网站 LME 保证金历史数据。Libor 数据来自 Wind 资讯，Shibor 数据来自 Shibor 网站。

投机程度测算中期价对现价偏离程度采用期货、现货月平均价格，数据来源同上。计算换手率的交易量和持仓量数据来自上海期货交易所网站、彭博数据库。

期价序列采用的合约是按月滚动的，是临近交割月的合约价。国内外锌期货月平均价用 SHFE、LME2007 年 3 月至 2012 年 7 月锌期货每日收盘价计算月平均，国内锌现货月平均价用 2004 年 1 月至 2012 年 7 月长江有色市场 0#锌每日平均价计算月平均。国外现货月平均价采用 LME 锌现货 2004 年 1 月至 2012 年 7 月每日收盘价计算月平均，现货月末价格为月末收盘价。由于 SHFE 2007 年 3 月推出锌期货合约，所以以此为期货样本数据选取的起始点，现货价格出于数据可得性以及为了比较受冲击前后市场价格的变化，以 2004 年 1 月为起始点。

国内锌期货合约保证金比率统一为 SHFE 规定的 5%；国外 LME 锌期货保证金是以单位重量收取固定保证金数额（美元/每吨）计，并且保证金有较频繁的调整，每月对应采用伦敦清算银行统计的 2010 年以来保证金的历史数据计算；由于数据的可得性问题，且保证金调整幅度较小，2010 年以前年份每月保证金数据采用 2010 年 1 月至 2012 年 7 月每月保证金的平均值替代。

无风险利率的选择上，考虑到一年以上的相对时间较长的参照采用国债利率，相对时间较短的采用银行间同业拆借利率，本文采用了后者。同时，由于本文的各项研究统一采用月度数据，这里的无风险利率也相应采用了可比较的一月期利率。伦敦银行间同业美元一月期拆借利率采用 Wind 资讯日数据计算每月平均值，上海银行同业拆放利率平台成立较晚，2006 年 10 月后上海银行间同业人民币一月期拆借利率采用该网站提供的日数据计算每月平均值，2006 年 10 月以前采用央行的全国银行间同业人民币一月期拆借利率月度数据替代。

交易量、持仓量为各年度总交易量、总持仓量。交易量、持仓量单位为手，双边计算。SHFE 锌期货合约 5 吨/手，LME 锌期货合约 25 吨/手。

各指标设计衡量的均为程度。为统一指标的测算口径，利于将各指标合为综合指标，各分类指标测算结果均调整为百分数。

（二）国内外锌金融化程度测算

1. 期现价格互动程度测算

国内期货价格（domestic futures price）用 *dfp* 表示，国内现货价格（domestic spot price）用 *dsp* 表示，单位为元/吨。国外期货价格（foreign futures price）用 *ffp* 表示，国外现货价格（foreign spot price）用 *fsp* 表示，单位为美元/吨。国内外现货价格和国内外期货价格见附表 1 和附表 2。

附表 1　国内外现货价格

月份	*dsp*	*fsp*	月份	*dsp*	*fsp*	月份	*dsp*	*fsp*
2004 - 01	10 414. 17	1 017. 00	2006 - 12	34 709. 05	4 405. 39	2009 - 11	17 189. 29	2 193. 38
2004 - 02	11 385. 53	1 087. 68	2007 - 01	32 815. 00	3 786. 68	2009 - 12	18 821. 74	2 375. 95
2004 - 03	12 404. 35	1 105. 78	2007 - 02	31 371. 67	3 309. 50	2010 - 01	20 631. 25	2 434. 45
2004 - 04	11 121. 43	1 032. 73	2007 - 03	30 132. 95	3 271. 30	2010 - 02	18 171. 67	2 156. 50
2004 - 05	10 542. 19	1 028. 29	2007 - 04	31 552. 38	3 557. 47	2010 - 03	18 555. 43	2 274. 73
2004 - 06	10 846. 59	1 021. 45	2007 - 05	31 750. 00	3 830. 29	2010 - 04	18 886. 90	2 366. 34
2004 - 07	10 714. 77	988. 32	2007 - 06	29 200. 00	3 603. 26	2010 - 05	17 027. 50	1 967. 90
2004 - 08	10 980. 68	975. 81	2007 - 07	28 379. 32	3 546. 91	2010 - 06	15 417. 11	1 742. 47
2004 - 09	11 635. 23	975. 18	2007 - 08	28 853. 48	3 252. 52	2010 - 07	15 789. 77	1 843. 39
2004 - 10	12 400. 00	1 064. 95	2007 - 09	28 275. 00	2 881. 40	2010 - 08	17 293. 18	2 044. 12
2004 - 11	11 965. 91	1 095. 64	2007 - 10	26 618. 33	2 975. 33	2010 - 09	17 894. 74	2 151. 00
2004 - 12	12 105. 43	1 180. 21	2007 - 11	21 259. 09	2 541. 32	2010 - 10	19 329. 69	2 371. 79
2005 - 01	12 696. 25	1 246. 38	2007 - 12	19 587. 50	2 353. 08	2010 - 11	18 928. 41	2 291. 14
2005 - 02	13 246. 15	1 326. 18	2008 - 01	19 959. 09	2 340. 11	2010 - 12	18 567. 39	2 280. 29
2005 - 03	13 553. 91	1 377. 69	2008 - 02	20 771. 88	2 438. 14	2011 - 01	18 928. 75	2 370. 97
2005 - 04	13 336. 43	1 300. 14	2008 - 03	20 592. 86	2 511. 47	2011 - 02	19 373. 33	2 464. 71
2005 - 05	13 162. 94	1 243. 63	2008 - 04	18 932. 14	2 263. 80	2011 - 03	18 488. 04	2 348. 92
2005 - 06	13 355. 68	1 275. 73	2008 - 05	18 214. 25	2 182. 10	2011 - 04	18 311. 84	2 372. 00
2005 - 07	13 425. 24	1 194. 43	2008 - 06	16 446. 50	1 894. 48	2011 - 05	17 583. 33	2 160. 02
2005 - 08	14 376. 09	1 298. 39	2008 - 07	15 786. 96	1 852. 37	2011 - 06	17 835. 71	2 230. 08
2005 - 09	15 400. 00	1 397. 52	2008 - 08	14 773. 81	1 723. 28	2011 - 07	18 498. 81	2 389. 99
2005 - 10	16 011. 25	1 488. 38	2008 - 09	14 522. 37	1 735. 48	2011 - 08	17 914. 13	2 211. 33
2005 - 11	15 857. 73	1 610. 93	2008 - 10	11 015. 79	1 302. 11	2011 - 09	17 340. 48	2 076. 40
2005 - 12	16 425. 23	1 821. 83	2008 - 11	9 912. 50	1 152. 60	2011 - 10	16 218. 75	1 858. 77
2006 - 01	19 778. 89	2 090. 31	2008 - 12	9 989. 13	1 100. 57	2011 - 11	15 940. 91	1 915. 69
2006 - 02	21 284. 41	2 219. 38	2009 - 01	11 593. 33	1 187. 40	2011 - 12	15 603. 41	1 915. 85
2006 - 03	21 439. 13	2 416. 91	2009 - 02	11 012. 50	1 112. 08	2012 - 01	15 545. 00	1 980. 38
2006 - 04	26 470. 75	3 084. 78	2009 - 03	11 465. 91	1 216. 75	2012 - 02	15 965. 48	2 057. 86

（续上表）

月份	*dsp*	*fsp*	月份	*dsp*	*fsp*	月份	*dsp*	*fsp*
2006－05	35 060.00	3 565.69	2009－04	12 992.86	1 378.85	2012－03	15 823.86	2 034.21
2006－06	29 600.00	3 225.68	2009－05	13 302.78	1 483.79	2012－04	15 691.18	1 996.47
2006－07	29 500.00	3 339.86	2009－06	13 756.82	1 557.27	2012－05	15 409.09	1 929.68
2006－08	28 957.61	3 347.30	2009－07	13 766.30	1 578.61	2012－06	15 075.00	1 855.49
2006－09	30 536.90	3 403.02	2009－08	15 166.67	1 821.68	2012－07	15 045.45	1 851.43
2006－10	31 997.06	3 822.95	2009－09	15 348.86	1 884.02			
2006－11	34 611.36	4 382.23	2009－10	16 145.31	2 071.59			

附表2　国内外期货价格

月份	*dfp*	*ffp*	月份	*dfp*	*ffp*	月份	*dfp*	*ffp*
2007－03	29 386.00	3 258.23	2009－01	11 053.33	1 224.41	2010－11	18 434.77	2 301.80
2007－04	32 032.86	3 576.11	2009－02	10 579.50	1 142.63	2010－12	18 297.17	2 297.17
2007－05	31 529.44	3 837.91	2009－03	11 045.23	1 250.36	2011－01	18 597.25	2 389.40
2007－06	28 736.19	3 614.48	2009－04	12 538.81	1 416.43	2011－02	19 149.67	2 497.25
2007－07	27 623.41	3 522.96	2009－05	12 776.94	1 519.08	2011－03	18 068.48	2 364.00
2007－08	28 041.74	3 224.55	2009－06	13 279.77	1 584.14	2011－04	17 752.63	2 389.86
2007－09	27 444.75	2 885.05	2009－07	13 426.74	1 605.76	2011－05	16 685.00	2 178.48
2007－10	26 282.50	2 983.13	2009－08	14 867.38	1 845.00	2011－06	17 188.57	2 256.66
2007－11	21 043.86	2 552.80	2009－09	15 017.50	1 904.02	2011－07	18 120.24	2 424.93
2007－12	19 026.75	2 390.89	2009－10	16 040.94	2 096.96	2011－08	16 996.52	2 226.64
2008－01	19 436.59	2 379.41	2009－11	17 086.90	2 224.31	2011－09	16 104.76	2 097.46
2008－02	20 320.00	2 475.62	2009－12	18 729.35	2 407.86	2011－10	14 968.13	1 891.43
2008－03	20 414.52	2 534.66	2010－01	20 053.25	2 441.03	2011－11	15 182.95	1 941.43
2008－04	18 678.57	2 307.82	2010－02	17 542.00	2 174.45	2011－12	15 102.05	1 917.43
2008－05	18 003.75	2 203.50	2010－03	18 269.78	2 306.57	2012－01	15 091.67	2002.76
2008－06	16 228.75	1 933.43	2010－04	18 642.14	2 401.00	2012－02	15 704.76	2 074.08
2008－07	15 562.39	1 871.33	2010－05	16 035.75	2000.71	2012－03	15 537.05	2 049.36
2008－08	14 305.24	1 747.05	2010－06	14 501.32	1 779.09	2012－04	15 319.12	2008.58
2008－09	14 066.84	1 767.41	2010－07	15 248.41	1 875.11	2012－05	14 989.55	1 932.39
2008－10	10 554.21	1 377.65	2010－08	16 812.50	2 076.95	2012－06	14 637.75	1 856.40
2008－11	9 391.50	1 182.22	2010－09	17 496.32	2 179.39	2012－07	14 625.23	1 853.07
2008－12	9 515.00	1 128.57	2010－10	19 206.88	2 402.52			

（1）期现价格平稳性检验和协整检验。期现价格数据的平稳性检验采用

图形分析和 ADF 检验（Augmented Dickey - Fuller Test）方法；协整检验采用 Engle - Granger 检验方法。对国内外期现价格平稳性检验的结果：*dfp* 在5%的显著水平下拒绝含有一个单位根（不平稳）的原假设，但在1%的显著水平下不能拒绝原假设，该序列可能不平稳；在 5% 或 1% 的显著水平下，*dsp*、*ffp*、*fsp* 均不平稳，但 *dfp*、*dsp*、*ffp*、*fsp* 经过一阶差分均平稳。

Engle - Granger 两步法协整检验：第一步，估计模型；第二步，固定模型残差，对残差作 ADF 平稳性检验，结果如附表 3 所示。

附表 3　期现价格协整检验

	ADF 的 t 统计值	1% level 对应的 t 统计值
国内期现价格协整检验	-4.89	-2.60
国外期现价格协整检验	-5.39	

因为 $-4.89 < -2.60$，$-5.39 < -2.60$，所以在99%的置信度上认为 *dfp* 和 *dsp* 具有协整关系，*ffp* 和 *fsp* 具有协整关系。可避免伪回归问题，建立起长期稳定的回归方程。

（2）期现价格相关关系 t 检验。首先，求得国内外期现价格样本相关系数 r。ρ 是期货价格和现货价格的总体相关系数。检验统计量 $t = \frac{r}{\sqrt{\frac{s-r^2}{h-2}}} \sim t(n-2)$。并根据 t 分布表查出显著性水平 $\alpha = 0.001$ 上的临界值 $t(n-2)$ 如附表 4 所示。

附表 4　期现价格相关关系检验

	样本量 n	样本相关系数 r	t	$t(n-2)$
国内锌市场	65	0.998 499	144.702 4	3.451 8
国外锌市场		0.999 741	348.675 2	

在 99.9% 的置信度下，上海和伦敦锌期现市场均显示了显著的相关性。SHFE 锌期货与长江有色市场锌现货价格相关系数为 99.85%，与 LME 锌期现价格相关系数 99.97% 接近，可见上海期现市场关联性与伦敦接近，后者期现市场相关性略高于前者。从单项指标来看，国外期货市场影响力略高于国内期货市场，两期货市场均显示出较高的影响力，期货市场发展程度和商品金融化程度均较高。

（3）货期市场价格发现功能检验。由于对期货市场价格发现功能的检验可归结为对模型 $FP_{t-1}=\alpha SP_t+\beta FP_{t-2}+v_t$ 的检验，其中 FP 为 Futures Prices 的缩写，表示期货价格，SP 为 Spot Prices 的缩写，表示现货价格。用 Eviews 6.0可得回归结果，国内期货市场价格发现功能检验方程拟合优度（用 $\bar{R}^2$ 衡量）为 97.15%；国外期货市场价格发现功能检验方程拟合优度为 96.60%。从该指标看，国内外期货市场均具有较高的价格发现功能，期货市场影响力均较大，期货市场发展程度和商品金融化程度较高。国内期货市场价格发现功能优度略高于国外期货市场，显示出一定的超前性，期货市场具备较高的价格发现利用价值。

（4）期现价格互动的 VAR 模型。对国内锌期现价格建立 VAR 模型，并用滞后排除检验（Lag Exclusion Tests）、滞后长度标准（Lag Length Criteris）、AR 根和 Granger 因果检验对模型滞后结构进行检验，确立稳定的 VAR 模型。利用脉冲响应函数和方差分解分析定性考察国内期现市场间的互动情况，用方差分解分析定量测算期货市场对两个市场的作用。用期现价格的 VAR 模型的脉冲响应函数，进一步研究期现价格变化的关联性。

以上分析发现，现货价格与期货价格关系密切，并互相作用，互为原因和结果。为了研究期现两市对价格的作用程度，对作用于期现价格变动的方差作分解，研究期现两市分别对价格作用的比重。对冲击先发生在现货市场，再发生在期货市场，现货市场和期货市场受到的影响，以及冲击先发生在期货市场，后发生在现货市场，现货市场和期货市场受到的影响分别均做统计，结果如附表 5 所示。

附表 5　国内市场 VAR 模型方差分解结果统计

Ordering		Variance Decomposition of *dsp*			Variance Decomposition of *dfp*		
	Period	S. E. of *dsp*	*dsp*%	*dfp*%	S. E. of *dfp*	*dsp*%	*dfp*%
Cholesky Ordering: *dsp dfp*	1	1 136.85	100	0	1 136.85	97.07	2.93
	2	1 766.83	99.83	0.17	1 766.83	97.54	2.46
	3	2 177.88	99.85	0.15	2 177.88	98.19	1.81
	4	2 452.32	99.88	0.12	2 452.32	98.56	1.44
	5	2 642.13	99.87	0.13	2 642.13	98.72	1.28
	6	2 777.17	99.85	0.15	2 777.17	98.80	1.20
	7	2 875.09	99.83	0.17	2 875.09	98.84	1.16
	8	2 946.97	99.81	0.19	2 946.97	98.88	1.12
	9	3 000.16	99.80	0.20	3 000.16	98.90	1.10
	10	3 039.74	99.79	0.21	3 039.74	98.91	1.09

（续上表）

Ordering		Variance Decomposition of *dsp*			Variance Decomposition of *dfp*		
	Period	S. E. of *dsp*	*dsp*%	*dfp*%	S. E. of *dfp*	*dsp*%	*dfp*%
Cholesky Ordering: *dsp dfp*	11	3 069. 30	99. 79	0. 21	3 069. 30	98. 93	1. 07
	12	3 091. 45	99. 79	0. 21	3 091. 45	98. 93	1. 07
Cholesky Ordering: *dfp dsp*	1	1 136. 85	2. 93	97. 07	1 136. 85	0	100
	2	1 766. 83	2. 03	97. 97	1 766. 83	0. 04	99. 96
	3	2 177. 88	2. 01	97. 99	2 177. 88	0. 37	99. 63
	4	2 452. 32	2. 29	97. 71	2 452. 32	0. 91	99. 09
	5	2 642. 13	2. 61	97. 39	2 642. 13	1. 41	98. 59
	6	2 777. 17	2. 87	97. 13	2 777. 17	1. 78	98. 22
	7	2 875. 09	3. 06	96. 94	2 875. 09	2. 04	97. 96
	8	2 946. 97	3. 18	96. 82	2 946. 97	2. 21	97. 79
	9	3 000. 16	3. 27	96. 73	3 000. 16	2. 33	97. 67
	10	3 039. 74	3. 33	96. 67	3 039. 74	2. 41	97. 59
	11	3 069. 30	3. 38	96. 62	3 069. 30	2. 47	97. 53
	12	3 091. 45	3. 41	96. 59	3 091. 45	2. 52	97. 48
Average			51. 35	48. 65		50. 03	49. 97

冲击发生后一到十二期，现货价格受现货价格冲击影响程度平均为51. 35%，现货价格受期货价格冲击影响程度平均为48. 65%；期货价格受现货价格冲击影响程度平均为50. 03%，期货价格受期货价格冲击影响程度平均为49. 97%。总体上，期现市场价格受来自期货价格冲击的程度平均为（48. 65% +49. 97%）/2 =49. 31%。

（5）对国外锌期现价格建立VAR模型。用滞后排除检验（Lag Exclusion Tests）、滞后长度标准（Lag Length Criteris）、AR根和Granger因果检验对模型滞后结构进行检验，确立稳定的VAR模型。利用脉冲响应函数和方差分解分析定性考察国外期现市场间的互动情况，用方差分解分析定量测算期货市场对两个市场的作用。对冲击先发生在现货市场，再发生在期货市场，现货市场和期货市场受到的影响，以及冲击先发生在期货市场，后发生在现货市场，现货市场和期货市场受到的影响分别均做统计，结果如下附表6所示。

附表6 国外市场VAR模型方差分解结果统计

Ordering		Variance Decomposition of *fsp*			Variance Decomposition of *ffp*		
	Period	S. E. of *fsp*	*fsp*%	*ffp*%	S. E. of *ffp*	*fsp*%	*ffp*%
Cholesky Ordering: *fsp ffp*	1	155.83	100	0	155.83	99.35	0.65
	2	237.12	98.56	1.44	237.12	97.73	2.27
	3	288.95	99.02	0.98	288.95	98.47	1.53
	4	324.39	98.76	1.24	324.39	98.34	1.66
	5	349.63	98.19	1.81	349.63	97.83	2.17
	6	367.95	97.66	2.34	367.95	97.34	2.66
	7	381.42	97.26	2.74	381.42	96.97	3.03
	8	391.44	96.98	3.02	391.44	96.70	3.30
	9	398.95	96.78	3.22	398.95	96.52	3.48
	10	404.62	96.64	3.36	404.62	96.39	3.61
	11	408.92	96.54	3.46	408.92	96.29	3.71
	12	412.19	96.46	3.54	412.19	96.22	3.78
Cholesky Ordering: *ffp fsp*	1	155.83	0.65	99.35	155.83	0	100
	2	237.12	0.64	99.36	237.12	0.65	99.35
	3	288.95	0.69	99.31	288.95	0.64	99.36
	4	324.39	1.64	98.36	324.39	1.55	98.45
	5	349.63	2.74	97.26	349.63	2.66	97.34
	6	367.95	3.64	96.36	367.95	3.56	96.44
	7	381.42	4.29	95.71	381.42	4.21	95.79
	8	391.44	4.74	95.26	391.44	4.66	95.34
	9	398.95	5.06	94.94	398.95	4.98	95.02
	10	404.62	5.29	94.71	404.62	5.21	94.79
	11	408.92	5.46	94.54	408.92	5.38	94.62
	12	412.19	5.58	94.42	412.19	5.50	94.50
Average			50.55	49.45		50.30	49.70

冲击发生后一到十二期，现货价格受现货价格冲击影响程度平均为50.55%，现货价格受期货价格冲击影响程度平均为49.45%；期货价格受现货价格冲击影响程度平均为50.30%，期货价格受期货价格冲击影响程度平均为49.70%。总体上，期现市场价格受来自期货价格冲击的程度平均为（49.45% +

49.70%）/2 =49.58%。

综上可知，国内期现市场价格受来自期货价格冲击的程度为 49.31%，国外期现市场价格受来自期货价格冲击的程度为 49.58%，总体水平较为接近。国外期货市场对市场整体的影响力略大，显示出较高的发展程度。

2. 价格受金融市场系统风险冲击程度测算

从价格序列可以看出，期货价格和现货价格高度重合，统一货币单位后，国内外期现价格曲线重合度也很高，国内外价格联动性极强。由于国内外期现市场价格一致性较强，考察金融市场价格受系统风险冲击的程度与现货市场价格受系统风险冲击程度的数据基本一致，且 2007 年 3 月国内锌期货合约才上市，这里以国内外现货价格为考察对象。用分析 2004 年首月至 2006 年末月的价格路径，沿着该路径虚拟 2006 年末月至 2008 年末月的价格趋势，再测算 2006 年末月至 2008 年末月的实际价格对趋势价格的偏离程度，以此度量两市场价格受冲击的程度。

（1）价格路径分析。采用 2004 年 1 月至 2006 年 12 月的现价和时间序列（2004 年 1 月，$t=1$；2004 年 2 月，$t=2$；……；2006 年 12 月，$t=36$）。

国内市场价格自回归模型估计结果如下：$\widehat{dsp_t}=0.968\,5\,dsp_{t-1}+0.070\,3dsp_{t-2}$，求解该二阶差分方程：其特征方程为 $\lambda^2-0.968\,5\lambda-0.070\,3\beta=0$，解得特征根 $\lambda_1=1.036\,4$，$\lambda_2=0.067\,9$。则现货价格路径可以表示为 $\widehat{dsp_t}=A1.036\,4^t+B0.067\,9^t$，其中 A、B 为常数。仍用 2004 年第一个月至 2006 年最后一个月的现价拟合该曲线，结果：$\widehat{dsp_t}=8\,879.79\times1.036\,4^t+19\,776.20\times0.067\,9^t$。

国外市场价格自回归模型估计结果如下：$\widehat{dsp_t}=1.217\,0fsp_{t-1}-0.173\,1fsp_{t-2}$，求解该二阶差分方程：其特征方程为 $\lambda^2-1.217\,0\lambda+0.173\,1\beta=0$，解得特征根 $\lambda_1=1.052\,5$，$\lambda_2=0.164\,5$。则现货价格路径可以表示为 $\widehat{fsp_t}=A1.052\,5^t+B0.164\,5^t$，其中 A、B 为常数。仍用 2004 年首月至 2006 年末月的现价和时间序列求该曲线方程系数，结果：$\widehat{fsp_t}=648.17\times1.052\,5^t+2\,403.14\times0.164\,5^t$。

（2）冲击程度测算。

国内市场：将受市场系统风险冲击期间的时间序列 t（2006 年 12 月，$t=36$；2007 年 1 月，$t=37$；……；2008 年 12 月，$t=60$）代入模拟的冲击前的路径方程 $\widehat{dsp_t}=8\,879.77\times1.036\,4^t+19\,776.20\times0.067\,9^t$，可得出受冲击期间的价格趋势序列，作为原趋势的预测价格。以实际价格对原趋势价格的偏离程度（$\frac{|\text{实际价格}-\text{趋势价格}|}{\text{趋势价格}}\times100\%$）衡量价格受到冲击的程度。国内市场实际价格对趋势线的平均偏离程度（见附表 7）即受冲击程度为 49.38%。

附表 7　国内实际价格对趋势价格的偏离程度

	趋势 *dsp*	实际 *dsp*	实际价格对趋势线的偏离程度
2006－12	32 171.21	34 709.05	7.89%
2007－01	33 342.41	32 815.00	1.58%
2007－02	34 556.25	31 371.67	9.22%
2007－03	35 814.28	30 132.95	15.86%
2007－04	37 118.10	31 552.38	14.99%
2007－05	38 469.40	31 750.00	17.47%
2007－06	39 869.88	29 200.00	26.76%
2007－07	41 321.36	28 379.32	31.32%
2007－08	42 825.67	28 853.48	32.63%
2007－09	44 384.75	28 275.00	36.30%
2007－10	46 000.59	26 618.33	42.13%
2007－11	47 675.25	21 259.09	55.41%
2007－12	49 410.88	19 587.50	60.36%
2008－01	51 209.69	19 959.09	61.02%
2008－02	53 073.99	20 771.88	60.86%
2008－03	55 006.17	20 592.86	62.56%
2008－04	57 008.68	18 932.14	66.79%
2008－05	59 084.09	18 214.25	69.17%
2008－06	61 235.06	16 446.50	73.14%
2008－07	63 464.34	15 786.96	75.12%
2008－08	65 774.77	14 773.81	77.54%
2008－09	68 169.32	14 522.37	78.70%
2008－10	70 651.04	11 015.79	84.41%
2008－11	73 223.11	9 912.50	86.46%
2008－12	75 888.81	9 989.13	86.84%

国外市场：将受市场系统风险冲击期间的时间序列 t（2006 年 12 月，$t=36$；2007 年 1 月，$t=37$；……；2008 年 12 月，$t=60$）代入模拟的冲击前的路径方程 $\widehat{fsp}_t=648.17\times1.0525^t+2403.14\times0.1645^t$，可得出受冲击期间的价格趋势序列，作为原趋势的预测价格。以实际价对原趋势价的偏离程度

（$\frac{|实际价格-趋势价格|}{趋势价格}\times 100\%$）衡量价格受到冲击的程度。国外市场实际价格对趋势线的平均偏离程度（见附表8）即受冲击程度为59.00%。

附表8　国外实际价格对趋势价格的偏离程度

	趋势 *fsp*	实际 *fsp*	实际价格对趋势线的偏离程度
2006－12	4 085.72	4 405.39	7.82%
2007－01	4 300.10	3 786.68	11.94%
2007－02	4 525.74	3 309.50	26.87%
2007－03	4 763.21	3 271.30	31.32%
2007－04	5 013.15	3 557.47	29.04%
2007－05	5 276.20	3 830.29	27.40%
2007－06	5 553.05	3 603.26	35.11%
2007－07	5 844.43	3 546.91	39.31%
2007－08	6 151.10	3 252.52	47.12%
2007－09	6 473.86	2 881.40	55.49%
2007－10	6 813.56	2 975.33	56.33%
2007－11	7 171.08	2 541.32	64.56%
2007－12	7 547.36	2 353.08	68.82%
2008－01	7 943.38	2 340.11	70.54%
2008－02	8 360.19	2 438.14	70.84%
2008－03	8 798.86	2 511.47	71.46%
2008－04	9 260.56	2 263.80	75.55%
2008－05	9 746.48	2 182.10	77.61%
2008－06	10 257.90	1 894.48	81.53%
2008－07	10 796.15	1 852.37	82.84%
2008－08	11 362.64	1 723.28	84.83%
2008－09	11 958.86	1 735.48	85.49%
2008－10	12 586.37	1 302.11	89.65%
2008－11	13 246.80	1 152.60	91.30%
2008－12	13 941.89	1 100.57	92.11%

综上可知，国内价格受金融市场系统风险的冲击程度为49.38%，国外价

格受金融市场系统风险的冲击程度为59.00%。由于国外商品金融市场发展程度高，展现出更大的开放性，因而受到的冲击也较大。

3. 收益率波动和套期保值风险程度测算

（1）实际收益率的比较。计算2007年3月至2012年7月期间每月实际收益率$E(Rp)-Rf$。预期报酬率$E(Rp)$为：（卖出价－买入价）/成本，其中现货市场的成本以买入价计算，卖出价以每月末日价格算，买入价以月平均价算；期货市场的成本以保证金计算（国内为买入价乘以保证金比率，国外为保证金数额），卖出价以每月末日收盘价算，买入价以月平均收盘价算，算出的收益率为杠杆收益率。无风险利率Rf：国外市场采用伦敦银行同业间一月期拆借利率；国内市场采用上海银行同业间一月期拆借利率。附表9给出了每月实际收益率的统计描述。

附表9　实际收益率统计

	均值	标准差	最大值	最小值
国内期货	-12.76%	90.04%	219.90%	-312.86%
国内现货	-3.89%	4.14%	8.10%	-16.94%
国外期货	-1.70%	54.51%	116.61%	-157.86%
国外现货	-1.73%	5.98%	10.25%	-19.72%

（2）标准差反映每月实际收益率的波动程度。由附表9可知，国内期货市场每月实际收益率的标准差为90.04%，现货市场每月实际收益率的标准差为4.14%；国外期货市场每月实际收益率的标准差为54.51%，国外现货市场每月实际收益率的标准差为5.98%。综合期现货市场的情况，国内锌市场每月实际收益率的波动程度为：(90.04%+4.14%)/2=47.09%，国外锌市场每月实际收益率的波动程度为：(54.51%+5.98%)/2=30.25%。国外市场发展程度较高，市场信息较为公开透明，收益率较国内市场稳定，波动程度较小。

（3）套期保值风险程度比较。用现货价格、期货价格和基差的标准差来度量各自的波动即风险的大小。期货市场避险功能检验，就是对套期保值风险程度的检验，用基差波动程度来衡量套期保值风险程度。基差＝现货价格－期货价格。为了考察一段可比的时期两市场情况，统一时间为2007年3月至2012年7月，统计结果见附表10。

附表 10　期现价格及基差标准差统计

	现价标准差	期价标准差	基差标准差
国内（人民币）	5018.40	5047.82	277.29
国外（美元）	592.95	584.30	15.95
国外（人民币）	4050.65	3991.55	108.91

采用2007年3月至2012年7月美元的总体平均汇率6.8314元/美元换算币种（这样基差的波动不受汇率波动的影响）。

结论：①SHFE锌期货基差标准差277.29，远小于其现价标准差5 018.40，也远小于期价标准差5 047.82，表明SHFE锌期货具有避险功能；期价标准差大于现价标准差，期货市场价格波动比现货市场大。②LME锌期货基差标准差15.95，远小于其现价标准差592.95，也远小于期价标准差584.30，表明LME锌期货具备规避风险的作用；期价标准差小于现价标准差，期货市场价格波动比现货市场小。③LME是世界公认的成熟市场，其测算结果可用作规避风险作用较强的参照。按照每月美元兑人民币汇率换算，国外锌期价标准差3 991.55小于国内锌期价标准差5 047.82；国外锌现价标准差4 050.65小于国内锌现价标准差5 018.40。这一比较表明，国外锌期货和现货市场均比国内锌期货和现货市场价格波动小，更加成熟稳定。LME锌期货基差标准差为108.91（定义基差波动程度为108.91%），小于SHFE锌期货基差标准差277.29（定义基差波动程度为277.29%）。这一比较表明LME锌期货的避险功能较SHFE锌期货好，锌商品金融化发展程度较高。中国期货市场上有些品种基差风险较大，原因众多，期货市场不够成熟，套期保值不足、过度投机可能是其中重要的原因。

4. 投机程度测算

（1）期价对现价（月平均价）的偏离程度：$\delta = |FP - SP| / SP$。为了考察一段可比的时期两市场的投机情况，统一时间为2007年3月至2012年7月，对国内外锌市场δ的统计见附表11。

附表 11　国内外期现价格偏离程度统计

	均值	标准差	最大值	最小值
国内δ	2.79%	1.58%	7.71%	0.49%
国外δ	1.28%	0.94%	5.80%	0.05%

由附表11可知：国内期价对现价平均偏离程度为2.79%，国外期价对现

价平均偏离程度为1.28%。国内锌市场δ的均值、标准差、最大值、最小值均比国外锌市场大，说明投机程度较国外大，国内锌商品金融市场的发展程度相对低。

（2）换手率。换手率＝交易量/持仓量。2007年3月至2012年7月，SHFE总交易量为561 156 136手（5吨/手），总持仓量为16 876 466手，换手率为3 325.08%；LME总交易量为98 108 263手（25吨/手），总持仓量为3 867 748手，换手率为2 536.57%。2008—2011年年度交易量、持仓量、换手率数据如附表12至附表14所示。

附表12 上海期货交易所交易数据

年度	年持仓量（手）	年成交量（手）	换手率
2008	1 636 356	47 077 794	2 876.99%
2009	2 533 610	64 506 772	2 546.04%
2010	4 889 936	293 178 746	5 995.55%
2011	4 655 594	107 326 966	2 305.33%

附表13 伦敦金属交易所交易数据

年度	年持仓量（手）	年成交量（手）	换手率
2008	649 094	16 004 957	2 465.74%
2009	690 353	15 727 926	2 278.24%
2010	764 071	17 911 059	2 344.16%
2011	837 358	21 973 375	2 624.13%

附表14 2008—2011年两交易所换手率数据统计

	均值	标准差	最大值	最小值
上海期货交易所换手率	3 430.98%	1 725.70%	5 995.55%	2 305.33%
伦敦金属交易所换手率	2 428.07%	152.04%	2 624.13%	2 278.24%

国内市场换手率的均值为3 430.98%，国外市场换手率的均值为2 428.07%。国内锌期货市场换手率大于国外锌期货市场，说明国内锌商品金融市场投机程度较国外大，市场的发展程度较国外低。

（三）实证结果比较与分析

本文实证研究国内外市场各项指标的数据结果分类汇总如附表 15 所示，并据此进行上海期货交易所与伦敦金属交易所水平比较研究。

附表 15 国内外市场各指标测算结果汇总

测算内容	测算指标	国内（SHFE）	国外（LME）	与金融化程度关系
期现价格互动（期货市场的影响力）	期现价格相关度	99.85%	99.97%	+
	期货市场价格发现功能优度	97.15%	96.60%	+
	期现价格受期货市场冲击程度	49.31%	49.58%	+
金融市场系统风险的影响力	市场价格受系统性风险冲击程度	49.38%	59.00%	+
收益率波动与套期保值风险程度	期现市场实际收益率波动程度	47.09%	30.25%	–
	套期保值风险程度	277.29%	108.91%	–
投机程度	期价对现价偏离程度	2.79%	1.28%	–
	换手率	3 430.98%	2 428.07%	–

在一定的范围内，作为商品金融化的最主要表现的期货市场，其市场影响力与商品金融化程度成正向关系，期货市场影响力越高，商品金融化程度越高。因此，随着商品金融化程度的提高，期货价和现货价相关度、期货市场价格发现功能优度、期货价和现货价受期货市场冲击程度上升。金融市场系统风险影响力与商品金融化程度成正向关系，随商品金融化程度提高而上升。随着商品金融化程度的提高，商品金融市场愈开放，价格受金融市场系统风险的冲击程度加大。收益率波动程度和套期保值风险程度随商品金融化程度的提高而下降。随着商品金融化程度的提高，衡量投机性的期价对现价的偏离程度以及换手率降低。然而，物极必反，当商品金融市场发展得不到有效控制和规范，衍生品发展过度时，期现价格不但相关性不高，甚至会出

现严重的背离，期货市场价格发现功能无法发挥，收益波动剧烈和投机问题严重，整个商品金融市场将酝酿极大的风险，甚至爆发严重的危机。

LME 是世界公认的成熟市场，其商品金融化发展程度较高。经验告诉我们，其期货市场具有较强的影响力，受金融市场系统风险影响较大，收益波动和套期保值风险程度较小，投机程度较小。以其为参照，国内的期现价格相关度高达 99.85%，仅仅略小于国外 99.97% 的期现价格相关度，国内锌商品金融化程度接近国外市场。国内的期货市场价格发现功能优度高达 97.15%，略高于国外的 96.60%，显示了很强的价格发现功能，在该领域发展程度具有一定的超前性和较高的利用价值。国内的期现价格受期货市场冲击程度为 49.31%，略小于国外的 49.58%，但总体水平较为接近。国内价格受金融市场系统风险的冲击程度为 49.38%，小于国外的 59.00%，表明国内商品金融市场发展程度较国外低。国内商品市场收益率波动程度为 47.09%，高于国外的 30.25%；国内套期保值风险程度为 277.29%，高于国外的 108.91%；期价对现价偏离程度为 2.79%，高于国外的 1.28%；换手率为 3 430.98%，高于国外的 2 428.07%，这几项表明国内商品金融化程度仍低于国外商品金融化程度。

综上所述，从期货市场影响力、金融市场系统风险影响力，尤其是期货市场的影响力看，两市场商品金融化程度显示了很接近的水平，这与国内外期现市场价格线高度重合基本事实的感官判断和先验经验相一致；从收益率波动和套期保值风险程度、投机程度等方面看，国内市场与国外市场商品金融化程度相比，虽然数量级一致，但仍存在一定差距。总体上，国内金属商品金融化发展程度与国外水平较相近。

金属商品金融化程度标准划分。由于 LME 是世界公认的成熟市场，其商品金融化发展程度较高，本文以 LME 为金属商品高度金融化的标准（商品金融化程度为 100%），基于两个市场实证结果水平的比较，设定分指标比较方案和权重，并将调整出的商品金融化程度各单项结果合成为综合指标，最后划分商品金融化程度标准。权重的设置过程采用了专家赋值法，以各指标的相对重要性、指标性质以及指标测算过程的创新与把握程度为制定的基本原则。

正向指标调整见附表 16。

附表 16 正向指标调整

测算内容	期现价格互动（期货市场的影响力）			金融市场系统风险的影响力
测算指标	期现价格相关度	期货市场价格发现功能优度	期现价格受期货市场冲击程度	市场价格受系统性风险冲击程度
国内（SHFE）	99.85%	97.15%	49.31%	49.38%
国外（LME）	99.97%	96.60%	49.58%	59.00%
与金融化程度关系	+	+	+	+
国内占国外比重	99.88%	100.57%	99.46%	83.69%
数据调整	99.88%	100.57%	99.46%	83.69%
	100%			100%
权重1	40.00%	30.00%	30.00%	100%
分指标内部	39.95%	30.17%	29.84%	83.69%
分指标结果	99.96%			83.69%

附表 16 中调整的是反映期货市场影响力的期现价格相关度、期货市场价格发现功能优度、期现价格受期货市场冲击程度，以及反映金融市场系统风险影响力的市场价格受系统性风险冲击程度等指标，在一定的范围内，它们的值与商品金融化程度成正向关系。国内数值越大，占国外数值的比重越大，商品金融化程度越高。调整第一步：以国外水平为单位标准，将国内各指标测算结果比国外测算结果，得到国内占国外的比重。调整第二步：将反映期货市场影响力内部三个指标整合为一（反映金融市场系统风险影响力的指标只有一个，无须整合），使期货市场影响力、金融市场系统风险影响力分别由一个指标代表。此处赋予期现价格相关度、期货市场价格发现功能优度、期现市场受期货市场冲击程度权重分别为 40.00%、30.00%、30.00%（由于期现价格相关度用相关系数表示，具有较高的公允性，而后两者采用的衡量方法较新，因此在赋值上有所倾斜，赋予后两者均为略保守的值）。调整结果如附表 16 所示，期货市场的影响力为 99.96%，金融市场系统风险的影响力为 83.69%。

负向指标调整见附表 17。

附表 17　负向指标调整

测算内容	收益率波动程度与套期保值风险程度		投机程度	
测算指标	期现市场实际收益率波动程度	套期保值风险程度	期价对现价偏离程度	换手率
国内（SHFE）	47.09%	277.29%	2.79%	3 430.98%
国外（LME）	30.25%	108.91%	1.28%	2 428.07%
与金融化程度关系	–	–	–	–
国内偏离国外程度	55.67%	154.60%	117.97%	41.30%
数据调整	–55.67%	–154.60%	–117.97%	–41.30%
	100%		100%	
权重 1	50.00%	50.00%	50.00%	50.00%
分指标内部	–27.84%	–77.30%	–58.99%	–20.65%
分指标结果	–105.14%		–79.64%	

附表 17 中调整的是度量收益风险的收益率波动程度与套期保值风险程度，以及反映投机程度的期现价格偏离程度与换手率。在一定的范围内，它们的值与商品金融化程度成反向关系。国内数值越大，偏离国外数值程度越大，商品金融化程度越小。调整第一步：以国外水平为标准，将国内各项指标值与国外数值之差比国外数值，得到国内偏离国外的程度。调整第二步：将各数据调整为取相反数，以使其大小与商品金融化程度成正比，便于综合指标的计算。调整第三步：将度量收益风险的内部两个指标整合为一，此处赋予其权重分别为 50.00%；将反映投机程度的内部两个指标也整合为一，此处赋予其权重也分别为 50.00%。使两方面分别由一个指标代表。调整结果如附表 17 所示，收益率波动程度与套期保值风险程度为 –105.14%，投机程度为 –79.64%。

各项指标综合测算结果调整见附表 18。

附表 18　各项指标综合测算结果调整

测算内容	期现价格互动（期货市场的影响力）	金融市场系统风险的影响力	收益率波动程度与套期保值风险程度	投机程度
分指标结果	99.96%	83.69%	–105.14%	–79.64%
权重 2（100%）	50.00%	40.00%	5.00%	5.00%
综合指标内部	49.98%	33.48%	–5.26%	–3.98%
综合指标结果	74.22%			

附表18中将前面两个表的正负向四个分指标进一步糅合成综合指标。正向指标直接反映期现价格关系，负向指标的收益、风险及投机问题归根到底是基于市场价格表现上的测算。因此，正向指标是衡量商品金融化程度的基础，赋予其商品金融化程度测算综合的主体权重，合计90.00%。其中，赋予期货市场影响力50.00%，金融市场系统风险影响力40.00%，因为前一项是更为基本的因素，且后一项在测算方法上有较大的创新，赋值时选择略为保守的做法，负向指标则是商品金融化发展程度不够的减扣项目（赋予减扣权重10.00%，赋予收益风险项目和投机程度项目分别5.00%的权重），其绝对值越大，需要减扣的越大。则金属商品金融化程度测算综合指标的值为：99.96% × 50.00% + 83.69% × 40.00% + （ − 105.14%） × 5.00% + （ −79.64%）×5.00% =74.22%。

以国外LME作为高度商品金融化的标准（100%），通过上述计算可知，国内市场成熟度为74.22%。与其正向指标表现同LME水平相近度很高，负向指标数量级与LME相同但水平仍有一定差距，总体上水平较接近，商品金融化程度较高的先验经验判断较为符合的结论一致。

考察整个商品期货市场金属品种和其他品种的数据情况，从定性的逻辑与先验经验判断，到具体测算结果的数值表现上看，商品金融化低度发展的阶段里市场开放和发育度不够，信息不够充分，期现价格及其与国外市场的联动性较弱，但受国外系统风险的冲击也较小，收益和风险波动较大，投机性较强；商品金融化中度发展的阶段，期现价格及其与国外市场联动性有所提升，受国外系统风险冲击加大，收益和风险波动以及投机性相对减弱；商品金融化发展的高度阶段，期现价格及其与国外市场价格高度联动，由于开放度很高以及市场发展程度较高，受系统风险冲击更加大，而收益风险较为稳定，投机性较小。本文探索性地定义综合指标数值为0~40%为低度金融化，40%~70%为中度金融化（见附图和附表19），70%~100%为高度金融化。可见，国内锌商品金融化程度（74.22%）处于高度金融化的初步水平：同LME基准比较，其期现市场价格以及与国外市场价格的联动性较强，期货市场价格发现功能较强，表现出较高的金融化水平，但其在收益稳定性和套期保值风险、投机上表现出一定程度的发展滞后性。

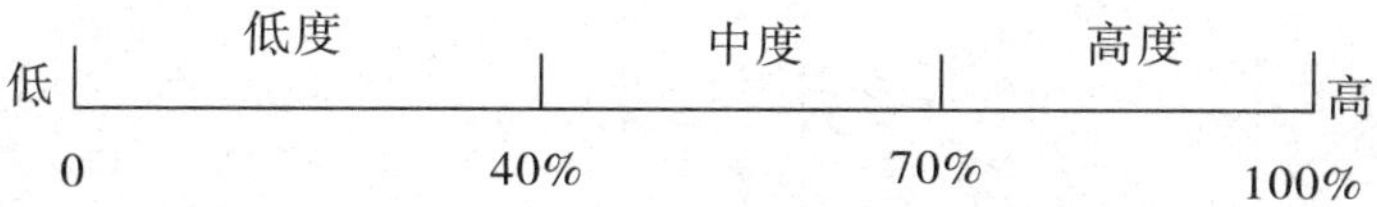

附图 商品金融化程度综合指标标准轴

附表 19　金属商品金融化程度综合指标拟制过程（全表）

测算内容	测算指标	国内（SHFE）	国外（LME）	与金融化程度关系	国内占国外比重	数据调整		权重 1	分指标内部	分指标结果	权重 2（100%）	综合指标内部	综合指标结果
期现价格互动（期货市场的影响力）	期现价格相关度	99.85%	99.97%	+	99.88%	99.88%	100%	40.00%	39.95%	99.96%	50.00%	49.98%	74.22%
	期货市场价格发现功能优度	97.15%	96.60%	+	100.57%	100.57%		30.00%	30.17%				
	期现价格受期货市场冲击程度	49.31%	49.58%	+	99.46%	99.46%		30.00%	29.84%				
金融市场系统风险的影响力	市场价格受系统性风险冲击程度	49.38%	59.00%	+	83.69%	83.69%	100%	100%	83.69%	83.69%	40.00%	33.48%	
测算内容	测算指标	国内（SHFE）	国外（LME）	与金融化程度关系	国内偏离国外程度	数据调整		权重 1	分指标内部	分指标结果	权重 2（100%）	综合指标内部	
收益率波动程度与套期保值风险程度	期现市场实际收益率波动程度	47.09%	30.25%	-	55.67%	-55.67%	100%	50.00%	-27.84%	-105.14%	5.00%	-5.26%	
	套期保值风险程度	277.29%	108.91%	-	154.60%	-154.60%		50.00%	-77.30%				
投机程度	期价对现价偏离程度	2.79%	1.28%	-	117.97%	-117.97%	100%	50.00%	-58.99%	-79.64%	5.00%	-3.98%	
	换手率	3 430.98%	2 428.07%	-	41.30%	-41.30%		50.00%	-20.65%				

三、结论

从各项指标来看，国内锌市场金融化程度各项指标与国外较为接近：①期现价格相关程度较高，期货市场价格发现功能很强，期货市场显示了较大的影响力，市场成熟度较好；②价格受金融市场系统风险的冲击程度较小，相比具有较好的系统安全性；③套期保值风险和收益率波动较国外大，通过期货市场价格发现以及套期保值时，需要更加注意避险；④体现了较强的投机性，这方面反映了国内市场成熟度不如国外市场，应当加强信息的公开透明程度，打击过高的投机性，维护市场的健康运行。

从总体上看，我国金属商品金融化发展程度较高，可以加强对金属期货市场的利用。但在利用过程中，不仅应当注意到金属商品金融化程度总体水平的高低，政府、套期保值者、投资者等不同主体还应根据各项指标实证表现有针对性地扬长避短，完善市场，利用优势，规避风险。总的来说，随着商品金融市场发展程度的提高，市场开放度加大，价格受外部金融市场系统风险的冲击将加大，政府在发展商品金融市场的过程中应注意把握开放的程度和节奏；由于收益率波动、套期保值风险和投机程度较大，应当完善市场制度，促进市场信息的公开透明。由于我国金属商品期货市场显示了很强的价格发现功能，受外部风险影响较小，套期保值者可以加强对期货市场的运用，服务于其现货市场的发展。由于收益率波动和投机性较强，投资者应当注意风险防范与控制。

附录3　近代欧洲大宗商品交易中心的形成

商品具有实物属性与金融属性。随着金融全球化，越来越多的商品具备了金融属性，出现了商品金融化趋势。这改变了商品价格形成机制，价格不仅是由传统的、基于实体经济的供求所决定，更主要的是由资本和货币所决定。但商品金融化并非新事物，早在近代时期的欧洲，商品已经开始被赋予了金融属性。

16 世纪以前，欧洲大宗商品价格主要由实物属性决定。中世纪时期欧洲大宗商品贸易已经相当活跃。南欧以威尼斯为中心，交易以高档商品为主。基于地理和气候因素，北欧大宗商品主要以基础项目为主，如谷物、黄油、鱼类、酒、织物等①。但当时欧洲政局不稳，所谓大宗商品交易只是一种定期举行的集市，并不是真正意义上的大规模、连续性的商品交易。以1500年为分水岭，近代时期欧洲经历了一系列重大事件，包括价格革命、商业革命、宗教改革、文艺复兴、地理大发现、产业革命等。期间，现代商品交易体系及定价方式在荷兰地区得以孕育，后经工业革命在英国伦敦等地成熟，逐步形成了世界商品交易中心。远期合约、期货、期权等金融衍生品逐步从商品市场中发展起来，成为商品定价的决定力量。本文从欧洲近代初期大宗商品交易发展开始，考察商品金融化的起源，分析荷兰商品交易中心的形成及转移，探讨商品金融化与现代商品交易中心形成的基本条件，以便正确认识商品金融化及其影响。

一、从贸易量变到有组织交易场所的形成

16世纪以前，在地中海沿岸以其连同亚欧大陆这些具有独特地理位置的地区，商品贸易已非常繁荣，以丝绸、茶叶、器皿等高档商品为主。16世纪初，这一商业中心集中在意大利米兰、佛罗伦萨、热那亚、威尼斯等城邦及相邻城市。随着近代初期低地国家的兴起，波罗的海流域之间贸易开始蓬勃发展。由于气候原因，低地国家对谷物、盐、腌鱼、毛皮等基础生活资料需求很大。谷物交易频繁，需求者为西班牙、葡萄牙和荷兰等工业化国家和地区，供给者为法国和波罗的海沿岸的国家和地区。② 1601—1620年波罗的海出口谷物的年均价值相当于5.5万千克白银。③ 1497—1660年进出波罗的海海峡的商品非常多，其中黑麦和小麦总计达到460万拉斯特。④ 通过波罗的海的船只数量反映了当时的贸易规模，16世纪初期年均为1 330艘，该世纪末已增加到年均5 000艘以上。⑤

中欧地区以金属采掘业为主。16世纪欧洲国家普遍开始用铜铸币，推动了有色金属贸易。中欧的阿尔卑斯山区、匈牙利地区和土林根的曼斯弗尔德居于贸易主导地位。与此同时，大西洋沿岸贸易日渐兴旺，西班牙、英格兰、

---

① 道格拉斯·诺思，罗伯斯·托马斯. 西方世界的兴起［M］. 厉以平，蔡磊，译. 北京：华夏出版社，2009：51－52。

② 道格拉斯·诺思，罗伯斯·托马斯. 西方世界的兴起［M］. 厉以平，蔡磊，译. 北京：华夏出版社，2009：161.

③ E. E. 里奇，C. H. 威尔逊. 剑桥欧洲经济史：第5卷［M］. 王春法，译. 北京：经济科学出版社，2002：223.

④ E. E. 里奇，C. H. 威尔逊. 剑桥欧洲经济史：第5卷［M］. 王春法，译. 北京：经济科学出版社，2002：218.

⑤ 道格拉斯·诺思，罗伯斯·托马斯. 西方世界的兴起［M］. 厉以平，蔡磊，译. 北京：华夏出版社，2009：162.

法兰西和荷兰从事羊毛、织品、酒和食盐交易。整个欧洲的三大贸易环节——地中海大商圈、波罗的海地区及大西洋沿岸形成了完整的贸易链条。

贸易中心的形成，仅有贸易规模并不足够，还必须要有一个固定的、能让商人考察商品及讨价还价的场所。集市就是这种场所的典型。

中世纪以前欧洲经济以庄园组织为主，领主、园主和农户之间的劳务关系体现为实物支付和劳动捐。12 世纪实物交换开始被货币经济取代，信用贸易随之出现，这为市场组织产生、商品价格决定奠定了基础。当时交易并不频繁，不能称为“有组织的市场”。直到 13 世纪，集市的出现才开始填补了这一空白。① 集市有利于形成均衡价格，降低搜寻市场信息的成本，并带动资本市场的发展，银行业、保险业在这一时期初露端倪。② 因 13 世纪前大部分地区还没形成统一的民族国家，集市通常一年只举办 1 到 2 次，难以形成连续的交易。到 16 世纪，随着贸易增加，商人与代理商、买家的交易更为频繁和紧密，定期交易的集市功能逐渐削弱，固定集中的交易安排应运而生，经常举办集市的城市自然成为商品集中交易的中心。

16 世纪中期以后的西欧，包括伦敦、巴黎、里昂、南特等重要城市开始成为商品交易中心，安特卫普的斯凯尔特港口从 16 世纪初开始就有大量外国商人永久定居下来，其一年两次的集市逐渐演变为一年四季连续不断，同时还不断举行区域性和全国性的交易，吸引外国商人和游客。频繁、连续的交易使交易模式发生了很大变化，开始是断断续续的寄售活动，后来演变为库存交易，最后对谷物、布匹等可同质的商品，买卖双方只看样品便可达成交易。例如，伦敦商人购买波罗的海沿岸的谷物，只需验看样品和留下样品，销售者担保交付的货物会同样品一样或者更好。通过签订合同约定标的物数量及交割日期，这种方式使商品交易前进了一大步。因无须每笔交易都查看实物，交易逐步从室外移至室内，交易信息更容易传播，交易成本大大降低。③ 16 世纪后期，出现了将市场价格汇集后公布的做法，如阿姆斯特丹的“行市表”传播就相当广泛。④ 同一时期，各主要城市建立了商品交易所，允许同质商品交易，并提供价格信息。

---

① 12 世纪末和 13 世纪初法国香槟伯爵领地因其位于欧洲大陆和低地国家的交通要道上，开始成为交易的集散地，阿尔卑斯山脉以西地区设有布鲁日集市等。

② 12 世纪末香槟城形成六个集市轮流开市，形成货币兑换市场，欧洲最早的异地支付开始出现。集市里，卖主在规定时间聚集在一起吸引买主，双方讨价还价，达成协议。现今多数商法发端于当时商人的习俗。

③ 道格拉斯·诺思，罗伯斯·托马斯. 西方世界的兴起［M］. 厉以平，蔡磊，译. 北京：华夏出版社，2009：195.

④ 道格拉斯·诺思，罗伯斯·托马斯. 西方世界的兴起［M］. 厉以平，蔡磊，译. 北京：华夏出版社，2009：196.

二、商品贸易衍生出商品金融

交易与风险是不可分割的。一直以来人们都想方设法来保证交易过程中的供求、价格基本稳定，当人们开始考虑使用契约形式来规避商品交易风险时，商品就被赋予了金融属性。这必须具有两个前提，一是大量具有标准品质的商品被交易，二是固定的交易场所，能提供连续、必要的价格信息。自1500年起的一个世纪里，西欧地区商品交易已经达到一定规模，众多商人集聚使得谈成交易更容易，标准化交易方式渐见雏形。①

然而，当时欧洲各国的政治制度、经济基础各不相同，不是每个地区都能为商品金融发展提供保障，荷兰的阿姆斯特丹是一个例外。这个被誉为现代期货和期权交易摇篮的城市最先发展了商品金融的衍生产品。我们可从17世纪后阿姆斯特丹的谷物、鲱鱼和郁金香等大宗商品记录中大致了解阿姆斯特丹商品金融化的起源。②

1. 商品金融化的萌芽：谷物

规避价格波动是商人首要希望解决的。因气候影响和运输技术局限，近代以来，欧洲谷物价格一直在波动中上升。1540—1564年，国际小麦价格指数最低和最高分别是41.4、78.8；1565—1589年国际小麦价格最低和最高分别是133.2、180.4，阿姆斯特丹为95.5（1721—1745年为100）。③ 市场价格大幅波动迫使谷物商人开始寻求远期合约来规避风险。同时，伴随着衍生工具的引入，商品交易数量也随之大幅增加。根据荷兰船长通过丹麦松德海峡④的数据，到1560年进口波罗的海的谷物数量每年达到300万荷兰盾。⑤1545—1570年，阿姆斯特丹除了可对未收获的小麦、黑麦进行远期交易外，还看到了所谓“stellage”⑥ 的发展，谷物远期合约可在一段时间之后取消，条件是谷物的买者要给卖者支付一个溢价，也有商人预先支付一笔费用以获取权利在特定时期后按照固定的价格购买或出售一定量的谷物，这是或有权利

---

① 道格拉斯·诺思，罗伯斯·托马斯．西方世界的兴起［M］．厉以平，蔡磊，译．北京：华夏出版社，2009：195.

② 威廉·N. 戈兹曼，K. 哥特·罗文霍斯特．价值起源［M］．王宇，王文玉，译．沈阳：万卷出版公司，2010：195－198.

③ E. E. 里奇，C. H. 威尔逊．剑桥欧洲经济史：第5卷［M］．王春法，译．北京：经济科学出版社，2002：66.

④ 丹麦和瑞典间的海峡，荷兰船队的必经之路，1429—1857年由丹麦占据，并对所有船只收税。

⑤ 威廉·N. 戈兹曼，K. 哥特·罗文霍斯特．价值起源［M］．王宇，王文玉，译．沈阳：万卷出版公司，2010：200.

⑥ 荷兰语，指支付一定费用后可在将来某时期内取消合约的做法，后多用“rouw koop”一词，大意为后悔的出售。

交易或期权的雏形。①

谷物远期交易是商品附上金融属性的较早尝试，但得不到推广。16 世纪荷兰人普遍认为远期合约是一种纯粹的投机活动，带有欺诈和赌博成分。荷兰语中将这种交易称为“windhandel”，意为“风中交易”，人们普遍谴责这种投机行为。在《罗马法》框架下，远期交易属于“take chance”（冒险行为），得不到司法制度的保障。② 谷物作为战略性大宗商品，荷兰政府一直认为远期合约是推高谷物价格的罪魁祸首。16 世纪中期以来，阿姆斯特丹政府多次发布关于远期合约的禁令，明确规定一旦远期交易被发现，谷物的卖方就必须把远期合约带来的利益归还买方，在司法制度不保障这种交易的情况下，签订的商品契约实际上变成一纸空白。

2. 同质、标准化合约的形成：渔业

渔业是荷兰的支柱产业之一，其发展带动了造船、手工业等相关产业。受气候影响，北欧、西欧十分依赖鱼类消费。③ 因腐烂问题，存储和运输成为鱼类大规模销售的前提。当时普遍用盐腌制鲜鱼，然后装桶运回市场销售。为确保其品质，打捞上来的鱼必须立刻进行腌制。1358 年，荷兰渔民威廉姆·伯克斯发明了一刀去除鱼肠法，大大提高了鱼类腌制效率，使鱼类的腌制、包装可在船上进行。荷兰人擅长运用低廉、快速的帆船进行运输，使其腌鱼口碑甚好，畅销欧洲市场。

据记载，1562 年低地国家附近海域约有 700 艘领头渔船从事鲱鱼的打捞作业，其中有 400 艘属于荷兰，17 世纪初增加至约 450 艘。这是荷兰渔业的鼎盛时期。当时鱼类产量每年波动较大，1600—1649 年经过丹麦海峡的荷兰渔船证实了鲱鱼产量很不稳定：这时期历史最高峰年份出现在 1602 年，当年产量超过 1.2 万拉斯特，而最低年份 1645 年的产量连 1 000 拉斯特也不到；有时相近年份有超过 50% 的波动。④ 这种供求失衡导致腌鱼价格大幅波动。由于鱼市场价格波动和打捞、运输腌鱼的大量资金投入，具有敏锐金融触觉的荷兰商人开始运用金融工具来规避风险，腌鱼交易附上了金融属性。例如

---

① 威廉·N. 戈兹曼，K. 哥特·罗文霍斯特. 价值起源［M］. 王宇，王文玉，译. 沈阳：万卷出版公司，2010：196.

② 威廉·N. 戈兹曼，K. 哥特·罗文霍斯特. 价值起源［M］. 王宇，王文玉，译. 沈阳：万卷出版公司，2010：195.

③ 1573 年瑞典人每日约从鱼类中摄入 380 卡路里（20 世纪初该数字仅为 58 卡路里），比其他所有肉类摄入量高。17 世纪中期，英国 1 个便士可买到 12 条鲱鱼，是贫困阶层的主要消费品，鲱鱼被誉为“平民的牛排”。E. E. 里奇，C. H. 威尔逊. 剑桥欧洲经济史：第 5 卷［M］. 王春法，译. 北京：经济科学出版社，2002：170－171.

④ E. E. 里奇，C. H. 威尔逊. 剑桥欧洲经济史：第 5 卷［M］. 王春法，译. 北京：经济科学出版社，2002：132.

1582 年和 1584 年，大渔场委员会（Board of Great Fisheries）明确规定青鱼成熟期、捕捞年份和加工方式，青鱼远期交易和期权交易随即出现。①

荷兰腌鱼市场产生出金融衍生品并非偶然，这是基于荷兰人对腌鱼质量的规范化要求。荷兰人打捞鱼的船只，被称为工业革命前最高水准的船舶。这些船载重量大，备有充足的盐、食物和木桶，可在海上停留 6 ~ 8 周，为当时最佳的规模经济。② 出海期间，这些船能完成捕捞、清理内脏、腌制等工序。生产过程有严格的管理措施，对盐和鱼的质量有详细规定。渔船到岸后，还需对腌鱼质量进行检验，确保合格后再进行重新包装。他们甚至成立一个专门的官方机构监督腌鱼的品质。

从 17 世纪初法国鱼类市场消费数量可看到，人们普遍认为荷兰鲱鱼质量优于法国，巴黎鱼类市场基本被荷兰腌鱼占据。③ 荷兰标准化生产产生了规范化品质，从而使腌鱼标准化合同成为可能，商人只根据腌鱼质量等级签订合约，从而规避了价格波动风险。

3. 会员制与清算制的雏形：郁金香

现代商品交易中心一个重要组成部分是标准化合同的结算，这类结算是由独立的清算机构负责。交易双方达成合约后，由第三方清算机构进行结算，清算机构起着中介作用，使三方形成环形结算系统。17 世纪初，荷兰尝试运用这种制度规避商品交易风险，郁金香交易是这种会员制和清算制的雏形。

郁金香因其美丽而稀有，被视为财富象征，而非一般农产品。在郁金香市场上，荷兰有着统治地位。1635 年开始，郁金香交易从季节性交易转变为全年不间断的期货交易。④ 由于当时栽种和培植技术所限，郁金香成熟周期和产量都不大，其价格相当不稳定。1634 年一种名为 Samper Augustus 的单个球茎能卖出 5 500 荷兰盾，按当时兑换率计算，此价格超过 55 千克白银。1636—1637 年，郁金香价格快速上升，为规避价格波动风险，商人在阿姆斯特丹小酒馆里聚集，自发组成郁金香交易俱乐部进行交易。为防范欺骗性交易，商人在小酒馆里自发安排了严格的程序，进入酒馆参加交易的人必须向簿记员自我介绍，簿记员会给一个写着其个人信息的竞价板，酒馆会安排一个时间集中交易，簿记员负责记录每一单交易情况，以便交易结束当晚完成

---

① 威廉 · N. 戈兹曼，K. 哥特 · 罗文霍斯特. 价值起源［M］. 王宇，王文玉，译. 沈阳：万卷出版公司，2010：201.

② E. E. 里奇，C. H. 威尔逊. 剑桥欧洲经济史：第 5 卷［M］. 王春法，译. 北京：经济科学出版社，2002：144.

③ E. E. 里奇，C. H. 威尔逊. 剑桥欧洲经济史：第 5 卷［M］. 王春法，译. 北京：经济科学出版社，2002：172.

④ 威廉 · N. 戈兹曼，K. 哥特 · 罗文霍斯特. 价值起源［M］. 王宇，王文玉，译. 沈阳：万卷出版公司，2010：211.

结算，酒馆收取买卖双方少量费用，作为提供这些服务的报酬。

郁金香交易俱乐部的出现为当时部分交易规避了风险，但由于当时存在太多不受监督的场外交易，投机商人甚至比真正的商品买家还要多，出现“郁金香泡沫”。荷兰政府迅速出面干预，法院宣布不受理一切关于郁金香交易引起的诉讼。而“郁金香泡沫”于1636年2月破灭后，地方议会采取把尚未完成的郁金香交易全部变成期权，买家交付一定订金则可获得一个看涨期权，但不必有完成交易的义务，根据各城邦不同，订金占交易额3.5%至10%左右。① 从“郁金香泡沫”中可看到，当时荷兰人对金融技术在商品贸易中的运用已经非常娴熟：对管理者而言，荷兰政府在当时发达的证券市场中吸取了不少经验，处理金融衍生品引发问题的手法很纯熟；对金融市场而言，即使面对高风险的投机泡沫破灭，也没有对市场造成较大冲击，这正是荷兰金融革命所创造的相对稳定的经济环境，人们可以利用年金、公司债券、股票，甚至是期货、期权等多种投资组合来规避风险，免受灾难性损失。

三、从贸易衰落到商品交易中心的转移

从近代初期谷物交易开始，金融衍生品在荷兰的应用和发展大大推动了商品交易，目前商品交易模式的惯例都可从荷兰商人的实践中找到雏形。但荷兰的大规模商品交易就像其郁金香贸易一样昙花一现，自18世纪开始就萎靡不振。同一时期，具有相似地理位置的伦敦却蓬勃发展，迅速成为国际贸易的主要市场。有观点认为，主要是1652—1674年期间英荷之间发生了三场战争，使荷兰遭受重大损失，国内经济全面崩溃。② 无可否认，战争确实摧毁了荷兰的海上实力，使其经济甚至政权发生动荡，影响到商人的集聚。但是，战争只是荷兰商品中心走向没落的表面现象，近代欧洲战事基本上从未停过，各国都有不同程度的创伤。荷兰商品交易中心地位最终没有走得更远，与其忽略国内产业发展有很大的关系。

1. 过分依赖资本收益

荷兰通过商业贸易在17世纪前已积累了大量的财富，并用于海外投资。到18世纪，荷兰跃居为全世界最大的借贷国。阿姆斯特丹成为世界主要的股票、债券交易中心。仅以股息形式每年就有超过2 500万荷兰盾从英国流入荷兰，有2 500万荷兰盾从法国流入荷兰，从西班牙、俄罗斯、瑞典和德意志等国家获得超过3 000万荷兰盾的收入。荷兰投资于欧洲、东印度和美洲的外国

---

① 威廉·N. 戈兹曼，K. 哥特·罗文霍斯特. 价值起源［M］. 王宇，王文玉，译. 沈阳：万卷出版公司，2010：212.

② 理查德·罗伯茨. 伦敦金融城［M］. 钱泳，译. 大连：东北财经大学出版社，2008：19.

债券资金总计超过 3.4 亿万荷兰盾，有 1.4 亿万荷兰盾的资金投入到东印度和南美殖民地的企业。源源不断的资本股息收入流入国内，严重影响国内产业发展。一方面，大量股息收入使国内劳动力价格上涨，产品价格水涨船高；另一方面，“当投资国外可以稳等 6% ~7% 的利润时，便没有人愿意以 4% ~5% 的预期收入投资于国内”。[①] 整个 18 世纪，荷兰的制造商渐渐失去竞争力，国内工业大量萎缩。

2. 国内产业的衰落

代尔夫特沙文的渔船船队的鲱鱼捕捞量从侧面反映了荷兰渔业的由盛转衰：1633 年捕捞量为 2 559 拉斯特；最高峰时期出现在 1654 年，捕捞量达 3 267拉斯特，之后不断下滑；18 世纪初的几个年份里，年捕捞量低至 120 拉斯特；到 1750 年，渔船只剩下 12 艘，捕捞量只有 173.5 拉斯特。[②] 18 世纪 20 年代后，由于国内外需求量下降，荷兰渔业陷入螺旋式下降困境之中，并最终进入持续的无利可图状态。[③]

荷兰渔业衰落的原因比较复杂。第一，国内用工成本提高，使渔业从业人员大量缩减，渔业大规模收缩。第二，荷兰所处的地理位置并不具有捕鱼的优势。北欧主要产鱼区集中在英吉利海峡、设得兰群岛等海域，荷兰渔民必须绕道到苏格兰、英格兰等领海捕捞，17 世纪后荷兰渔船不断受到东道国的驱赶。同时，苏格兰等国家捕鱼技术得到较大发展，凭借天然地理优势，到 18 世纪已替代了荷兰渔业的地位。此外，荷兰政府对渔业过分管制，包括一直限制鱼的质量、提供各种资源和护航等，是其渔业走向衰退的重要原因。[④] 荷兰渔业衰落导致其鱼类等商品交易中心的消失。

荷兰运输业同样走向了没落。1497 年通过松德海峡的荷兰船只为 567 艘，1597 年为 3 908 艘，到 1697 年增加到 4 000 艘，18 世纪中叶开始减少为 3 000 艘，1774 年为 2 447 艘，1780 年为 2 080 艘，1781 年只剩下 11 艘，之后虽有好转，但反映了此贸易航线的全线衰落。[⑤] 当国内经济下滑，运输业只能依赖外国雇主。由于各国战争不断，主要雇主法国采用自己的船队，英国人实施《航海法》，都对荷兰构成重大打击。

渔业、运输业衰退牵连到造船业、产品加工业等相关行业，荷兰只能依

---

① 房龙．荷兰共和国的衰亡［M］．朱子仪，译．北京：北京出版社，2001：37.

② E. E. 里奇，C. H. 威尔逊．剑桥欧洲经济史：第 5 卷［M］．王春法，译．北京：经济科学出版社，2002：146 – 148.

③ E. E. 里奇，C. H. 威尔逊．剑桥欧洲经济史：第 5 卷［M］．王春法，译．北京：经济科学出版社，2002：181.

④ E. E. 里奇，C. H. 威尔逊．剑桥欧洲经济史：第 5 卷［M］．王春法，译．北京：经济科学出版社，2002：179.

⑤ 房龙．荷兰共和国的衰亡［M］．朱子仪，译．北京：北京出版社，2001：43.

赖国外殖民地和外国国债的股本及利息收入。当国外殖民地经营不力，国内银行、证券业在18世纪后半叶经历三次大规模金融危机后，荷兰经济随之崩溃。并非工业革命的到来使英国抢占了荷兰市场，事实上，在工业革命前的半个世纪，商人已开始离开荷兰市场。可见，“荷兰作为一个占统治地位的商业国家走向衰落的历史，就是一部商业资本从属于工业资本的历史”。①

四、结论与启示

近代欧洲大宗商品交易经历了从大规模集市贸易，到商品远期合约、期货期权等金融衍生品在荷兰出现，再到英国光荣革命爆发后，这些金融技术和理念传到英国，成就了伦敦金融城的出现。近代之初，荷兰因其商业经济的发达吸引了众多商人，一度成为欧洲大宗商品交易中心，但随着国内经济衰退，产业发展滞后，18世纪中期后这个中心转移到英国伦敦。从商品贸易大规模发展，到地区交易中心的形成，再到中心的转移，可看到商品金融化进程中必须要具备的基本条件。

1. 自由、透明的市场组织

中世纪欧洲，统一国家还没真正出现，各类商品贸易集市的形成实际上是商人约定俗成的集聚，没有任何行政约束，也没有外部管制。随着近代初期各国经济发展，商品交易量和交易频率增加，季节性集聚演变成连续、固定的交易中心。这个过程是自然而成的，没有政府拉拢配对，也没有优惠政策，是“无形的手”引导的。16世纪荷兰政府对谷物市场频繁干预，甚至强制性终止远期合同，最终使谷物等商品金融化进程受阻，无法进一步发展，导致其衰落。

2. 有利市场发展的法律框架

欧洲商品贸易是基于《罗马法》法律框架的。这是一部市民法，而非行政法和刑事法，以民事诉讼形式为主，主要解决市民间、社团间的纠纷。商品贸易中一切合约、合同都由司法制度来保障实施，法院全权受理一切商业纠纷。

3. 同质商品合同的规范化

标准化合同的前提是易区分商品质量及信誉保证。腌鱼作为一种海产品在荷兰市场被赋予金融属性，缘于该产品质量的规范化。从打捞、腌制到运抵岸上后的包装、质量检测等，都有专门的程序和规范，并且成立了专门的行业协会、官方机构作为品质的监督，商人才愿意将该类商品作为远期合约的标的，并在衍生品市场上交易。

---

① 人民出版社．马克思恩格斯全集：第25卷［M］．北京：人民出版社，1974：372.

4. 商品金融发展离不开实物交易

近代初期，欧洲大宗商品市场价格波动频繁。为规避价格波动风险，商人们将金融衍生工具用于商品交易。这些商品最终都需要实物交割，以保证生产、销售的商业链条运作。各种合约、结算和转移风险的衍生品交易技术正是基于实物交易而发展起来的。

参考文献

[1] AID R, CHEMLA G, PORCHET A, TOUZI N. Hedging and vertical integration in Electricity Market[J]. Management science,2011,57(8).

[2] RUAGMAN A M, D'CRUZ J R. The "double diamond" model of international competitiveness: the Canadian experience [J]. Management international review,1993,33.

[3] BARNETT B J, MAHUL O. Weather index insurance for agriculture and rural areas in lower-income countries [J]. American journal of agricultural economics,2007,89(5).

[4] BESSLER D A, COVEY T. Cointegration: some results on U. S. cattle prices[J]. Journal of futures markets,1991,11(4).

[5] CAO M, WEI J. Weather derivatives valuation and market price of weather risk[J]. Journal of futures market,2004,24(11).

[6] MÜLLER C, CRAMER W, HARE W L, et al. Climate change risks for African agriculture[J]. Proceedings of the national academy of sciences of the United States of Americs,2011,108(11).

[7] COLBRAN N. The financialisation of agricultural commodity futures trading and its impact on the 2006—2008 global food crisis[R]. University of New South Wales Faculty of Law Research,2011.

[8] COVRIG V, DING D K, LOW B S. The contribution of a satellite market to price discovery: evidence from the Singapore exchange [J]. Journal of futures markets,2004,24(10).

[9] DASKALAKI C, SKIADOPOULOS G. Should investors include commodities in their portfolios after all? New evidence[J]. Journal of banking and finance,2011, 35(10).

[10] JONG F D. Measures of contributions to price discovery: a comparison [J]. Journal of financial markets,2002,5(3).

[11] CARLTON D W. Futures trading, market interrelationships, and industry

structure[J]. American journal of agricultural economics,1983,65(2).

[12]LIEN D. A note on the superiority of the OLS hedge ratio[J]. Journal of futures markets,2005,25(11).

[13] SWAN E J. Building the global market,a 4 000 year history of derivatives [M]. The Hague: Kluwer Law International,2000.

[14]FIGUEROLA-FERRETTI I,GONZALO J. Modelling and measuring price discovery in commodity markets [J]. Journal of econometrics,2010,158(1).

[15] KRIPPNER G R. The Financialization of the American economy[J]. Socio-economic review,2005,3(2).

[16]GEREFFI G. International trade and industrial upgrading in the apparel commodity chain[J]. Journal of international economics,1999,48(1).

[17] GOLDSMITH R W. Financial structure and development [M]. New Haven:Yale University Press,2010.

[18]HONG H,YOGO M. What does futures market interest tell us about the macro economy and asset prices? [J]. Journal of financial enonomics,2012,105(3).

[19]HUMPHREY J,SCHMITZ H. How does insertion in global value chains affect upgrading in industrial clusters[J]. Regional studies,2002,36(9).

[20] COCHRANE J. Financial markets and the real economy[R]. Foundations and trend in finance,2005,(1).

[21]MAYERS D,SMITH C W. Corporate insurance and the underinvestment problem [J]. Journal of risk & insurance,1987,54(1).

[22] MCKINNON R I. Money and capital in economic development [M]. Washington,D. C. :The Brookings Institution,1973.

[23] MELLO A S, PARSONS J E. Hedging and liquidity [J] . Review of financial studies,2000,13(1).

[24]MOOSA I A. The sensitivity of the optimal hedge ratio to model specification[J]. Social Science Electronic Publishing,2003,1(1).

[25]SHAW E S. Financial deepening in economic development [M]. Oxford: Oxford University Press,1973.

[26] SILVENNOINEN A, THORP S. Financialization, crisis and commodity correlation dynamics[J]. Journal of international financial markets institutions & money. 2010,24(267)

[27] STICHELE M V, KERCKHOFFS T, VAN OS R. Financing food: financialisation and financial actors in agriculture commodity markets [J]. Ssrn Electronic Journal,2010.

[28]TANG K,XIONG W. Index investment and financialization of commodities [J]. Financial analysts journal,2010,68(6).

[29]TANLAPCO E,LAWARREE J,LIU C C. Hedging with futures contracts in a deregulated electricity industry[J]. IEEE transactions on power systems,2002,17(3).

[30]JACOBSON T, LINDÉ J, ROSZBACH K. Exploring interactions between real activity and the financial stance[J]. Journal of financial stability,2005,1(3).

[31]TURVEY C G. Managing food industry business and financial risks with commodity-linked credit instruments[J]. Agribusiness,2006,22(4).

[32] UNCTAD. The global and economic crisis: systemic failures and multilateral remedies (UNCTAD/GDS/2009/1) [M]. New York: U N Publications,2010.

[33] WILSON C. Anglo-Dutch Commerce and Finance in the Eighteenth Century[M]. UK: Cambridge University Press, 1941.

[34]SCHAEDE U. Forwards and Futures in Tokugawa Period Japan [J]. Journal of banking and finance, 1989, (13).

[35]MICHIE R C. The invisible stabiliser: asset arbitrage and the international monetary system since 1700 [J]. Financial history review, 1998,15(1).

[36]DICKSON P G M. The Financial Revolution inEngland: A study in the development of Public Credit 1688—1756[M]. UK: Oxford University Press, 1967.

[37]SWAN E J. Building the Global Market, a Four Thousand Year History of Derivatives. The Hague: Kluwer Law, 2000.

[38] POITRAS G. The Early History of Financial Economics, 1478—1776 [M]. Cheltenham: Edward Elgar Publishing, 2000.

[39]GOETZMANN W N, ROUWENHORST K G. The Origins of Value: The Financial Innovations that Created Modern Capital Markets[M]. Oup Catalogue, 2005, 63(2).

[40]威廉·N. 戈兹曼,K. 哥特·罗文霍斯特. 价值起源. 王宇,王文玉,译. 沈阳:万卷出版公司,2010.

[41] PVC 交易部. PVC 期货交易手册 [R]. 大连: 大连商品交易所, 2010.

[42] 安毅, 常清, 郑荟娟. 铁矿石指数期货与国际定价权研究 [J]. 价格理论与实践, 2010 (6).

[43] 常清, 秦云龙. 要注重期货市场的价格预期作用 [J]. 价格理论与实践, 2008 (3).

[44] 常清. 企业家不要边缘化期货市场 [J]. 价格理论与实践, 2008 (9).

[45] 陈甲斌. 铅锌产业链结构状况及海外资源战略 [J]. 地质学刊, 2009 (1).

[46] 陈力, 段进东. 我国小麦和大豆期货市场价格发现功能的实证分析 [J]. 中国证券期货, 2010 (11).

[47] 陈明华, 陈蔚. 国际石油期货市场价格发现功能研究 [J]. 世界经济与政治论坛, 2010 (4).

[48] 陈蓉, 郑振龙. 期货价格能否预测未来的现货价格? [J]. 国际金融研究, 2007 (9).

[49] 陈炜, 沈群. 金融衍生产品避险的财务效应、价值效应和风险管理研究 [M]. 北京: 经济科学出版社, 2008.

[50] 陈晔, 肖明. 国际钢材期货价格与我国现货价格关系实证研究——兼论我国钢材期货的品种选择 [J]. 价格理论与实践, 2009 (10).

[51] 程国强, 胡冰川, 徐雪高. 新一轮农产品价格上涨的影响分析 [J]. 管理世界, 2008 (1).

[52] 程静. 农业天气风险与中国农村贫困的实证研究 [J]. 地域研究与开发, 2010 (4).

[53] 迟国泰, 赵光军, 杨中原. 基于 CVaR 的期货最优套期保值比率模型及应用 [J]. 系统管理学报, 2009 (1).

[54] 崔畅. 货币政策工具对资产价格动态冲击的识别检验 [J]. 财经研究, 2007 (7).

[55] 崔仕嵬. 白糖产业链与期货市场开发 [EB/OL]. http://wenku.baidu.com/view/648e91165f0e7cd1842536a4.html.

[56] 大连商品交易所. 大豆投资手册 [R]. 大连: 大连商品交易所, 2009.

[57] 大连商品交易所. 豆粕投资手册 [R]. 大连: 大连商品交易所, 2009.

[58] 大连商品交易所. 豆油投资手册 [R]. 大连: 大连商品交易所, 2009.

[59] 戴毓, 周德群. 燃料油期货市场成交量、持仓量与波动性关系 [J]. 系统工程理论与实践, 2009 (12).

[60] 单磊. 利用农村期货合作基金服务“三农”模式探讨 [J]. 中国流通经济, 2009 (8).

[61] 党剑. 钢材期货与企业套期保值实务 [M]. 北京: 冶金工业出版社, 2009.

[62] 董方军, 王军. 大宗商品国际定价权缺失的原因及对策 [J]. 中

国经贸导刊，2008（4）.

［63］董放. 农产品期货市场功能研究［J］. 中国证券期货，2010（1）.

［64］董科. 铝加工企业利用期市渐入佳境——珠三角铝下游企业套期保值考察［J］. 有色金属再生与利用，2006（12）.

［65］董双伟. 棉花产业链（新）特点介绍［EB/OL］. http：//wenku. baidu. com/view/ff37fcffc8d376eeaeaa3101. html.

［66］杜江，钟潇，马牧. 关于粮食企业套期保值风险防范的探讨［J］. 粮食问题研究，2004（6）.

［67］方雯，冯耕中，陆凤彬等. 国内外钢材市场价格发现功能研究［J］. 系统工理论与实践，2013（1）.

［68］高铁生，朱玉辰. 中国农产品期货市场功能发挥与产业发展［M］. 北京：中国财政经济出版社，2005.

［69］高燕. 产业升级的测定及制约因素分析［J］. 统计研究，2006（4）.

［70］顾善松. 对国产大豆面临问题的思考［J］. 管理世界，2006（11）.

［71］郭清保，金森森. 政策调整下的中国大豆产业发展［J］. 农业展望，2011（3）.

［72］郭丽岩. 大宗商品期货交易的基本属性及对价格形成的影响［J］. 中国物价，2010（1）.

［73］郭晓利，刘岩. 日本商品期货市场近年衰落的原因和思考［J］. 证券市场导报，2010（11）.

［74］韩德宗，孙亚东. DCE 与 CBOT 大豆期货价格平稳过程的比较研究［J］. 管理评论，2005（1）.

［75］韩宇，郑垂勇. 基于钻石模型的中国制造业竞争力分析［J］. 现代管理科学，2008（12）.

［76］何蒲明. 我国农产品期货市场的现状、问题和对策［J］. 粮食问题研究，2004（5）.

［77］胡冠. 定价权关乎国家根本［J］. 新财经，2006（3）.

［78］胡若瑾. 大宗商品期货交易与中国经济安全［J］. 武汉金融，2010（4）.

［79］华仁海，陈百助. 我国期货市场期货价格收益及波动方差的长记忆性研究［J］. 金融研究，2004（2）.

［80］华仁海. 现货价格和期货价格之间的动态关系：基于上海期货交易所的经验研究［J］. 世界经济，2005（8）.

［81］黄飞雪，王治华. 基于协整的金融危机前后 DCE 大豆与豆粕期货价格关系的比较［J］. 农业技术经济，2010（6）.

［82］黄运成，李刚．期货公司向现代金融服务企业转型的思考［J］．上海金融，2004（5）．

［83］姬广坡．棉花产业链特征分析［EB/OL］．http：//www. docin. com/p－24771323. html.

［84］纪彤国．PVC 期货上市交易运行情况分析［J］．聚氯乙烯，2011（7）．

［85］金士荣．铅锌产业链的现状与协调发展［J］．中国金属通报，2008（10）．

［86］荆林波．现货市场发育与期货市场发展的相关性——中国农产品期货发展有关问题的探讨［J］．中国农村经济，1999（6）．

［87］李东，王翔．产业布局与产业链结构影响未来发展［J］．中国有色金属，2010（1）．

［88］李东卫．粮食金融化：对策与思考［J］．中国粮食经济，2011（5）．

［89］李清芬．早籼稻产业链分析［EB/OL］．http：//wenku. baidu. com/view/532ec1d233d4b14e852468a3. html.

［90］李素琴．中国农产品资本化的分析［J］．经济问题探索，2011（12）．

［91］李新功．中国农产品资本化的成因、负效应及对策［J］．农村经济，2012（7）．

［92］李艺，部慧，汪寿阳．基金持仓与商品期货价格关系的实证研究——以铜期货市场为例［J］．系统工程理论与实践，2008（9）．

［93］李艺，杨列勋，陈晓剑，等．2004 年“大豆风波”带给我们的思考：“中国优势”为什么变成了“中国劣势”？［J］．管理评论，2006（6）．

［94］李拥军．对提高钢铁产业链安全性的认识［J］．冶金经济与管理，2009（5）．

［95］李宇圣．中国铜工业产业链现状［J］．中国金属通报，2008（47）．

［96］李志慧，卢新生．中国农产品期货市场的多重分形特征及其成因分析——基于 MF-DFA 分析法［J］．统计与信息论坛，2011（10）．

［97］刘凤军，刘勇．期货价格与现货价格波动关系的实证研究——以农产品大豆为例［J］．财贸经济，2006（8）．

［98］刘昊．商品期货业务会计处理的中美比较［J］．上海会计，2003（1）．

［99］刘建和，秦焕超，潘金．中国大豆期货市场定价机制研究［J］．中国证券期货，2010（7）．

［100］洪文琳，刘金山．期货公司服务农产品产业链客户模式研究［J］．华东经济管理，2012（11）．

［101］刘旗，张继承．对农产品“订单＋期货”模式的经济学思考——

以吉林四平为例［J］．经济经纬，2009（6）．

［102］刘庆富，仲伟俊．我国金属期货与现货市场之间的价格发现与波动溢出效应研究［J］．东南大学学报（哲学社会科学版），2007（3）．

［103］刘庆富．中国期货市场的波动性与风险控制研究［M］．上海：上海财经出版社，2007.

［104］刘翔峰．国际大宗商品的金融属性日益凸显及中国的对策［J］．金融理论与实践，2008（9）．

［105］刘向东．铁矿石定价走向短期化和金融化［J］．中国物价，2010（8）．

［106］刘向丽，汪寿阳，洪永淼．中国期货市场微观结构研究［M］．北京：科学出版社，2010.

［107］刘岩，于左．美国利用期货市场进行农产品价格风险管理的经验及借鉴［J］．中国农村经济，2008（5）．

［108］刘岩．期货市场服务“三农”中的“公司+农户”模式研究［J］．经济与管理研究，2008（4）．

［109］刘志彪，张杰．从融入全球价值链到构建国家价值链：中国产业升级的战略思考［J］．学术月刊，2009（9）．

［110］中国期货业协会．中国期货业发展报告（2010）［M］．北京：中国财政经济出版社，2010.

［111］楼迎军．中国期货价格行为特征与市场稳定机制研究［M］．杭州：浙江大学出版社，2008.

［112］卢建锋．论农产品期货市场在农业生产中的作用［J］．经济问题，2003（4）．

［113］陆立军，于斌斌．基于修正“钻石模型”的产业集群与专业市场互动的动力机制——以绍兴纺织产业集群与中国轻纺城市场为例［J］．科学学与科学技术管理，2010（8）．

［114］罗非．基于交易成本的我国钢铁产业链分析［J］．科技和产业，2009（7）．

［115］罗锋．外部冲击对我国农产品价格波动的影响——基于SVAR模型的实证研究［J］．农业技术经济，2011（10）．

［116］罗万纯，刘锐．中国粮食价格波动分析：基于ARCH类模型［J］．中国农村经济，2010（4）

［117］罗孝玲，刘智星，饶红浩．利用期货市场推进我国生猪产业化［J］．求索，2004（1）．

［118］吕惠明，蒋晓燕．我国大宗农产品价格波动的金融化因素探析——基于SVAR模型的实证研究［J］．农业技术经济，2013（2）．

［119］马毅，师树兴．构建期货市场战略联盟的理论及应用研究［J］．金融发展研究，2010（7）．

［120］迈克尔·波特．竞争优势［M］．陈小悦，译．北京：华夏出版社，2005.

［121］毛学峰．中国大豆进口与大豆产业发展研究［M］．北京：中国农业出版社，2009.

［122］彭红枫，胡聪慧．中国大豆期货市场最优套期保值比率的实证研究［J］．技术经济，2009（1）．

［123］彭民，杨洪波，董金涛．石油金融化效应的经济学解释［J］．北方经贸，2010（10）．

［124］齐绍洲，凌棱．美国天气衍生金融工具模型及其应用［J］．证券市场导报，2003（11）．

［125］齐银山，王军．石油金融化与我国石油金融战略体系的构建［J］．宏观经济研究，2009（10）．

［126］乔娟，李秉龙，康敏．中国农产品期货市场功能与现货市场关系研究［M］．北京：科学出版社，2008.

［127］郄彦平．论商品金融化［J］．金融教学与研究，2011（6）.

［128］秦富，孙立新，白人朴．我国大豆的竞争能力及对策［J］．农业技术经济，2003（5）．

［129］秦宛顺，陈衡．中国商品期货价格研究［J］．金融研究，1998（2）.

［130］邱菡仪．大宗商品价格融入较多金融特性［J］．中国外汇，2010（6）.

［131］邱雁．国际投机基金对大豆期货价格影响的实证分析［J］．中国农村经济，2010（4）．

［132］屈正哲．珠江期货有限公司五位一体产业服务体系简介［EB/OL］. http：//www. ccin. com. cn/ccin/news/2009/11/18/100582. shtml.

［133］曲立峰．中国农产品期货市场发展研究［M］．北京：中国社会科学出版社，2004.

［134］芮明杰．产业竞争力的“新钻石模型”［J］．社会科学，2006（4）．

［135］山西焦联电子交易中心．焦炭期货对现货市场的作用［EB/OL］. http：//www. excoke. com. cn/2011/03/10/75254/ArticleNew. html.

［136］上海中期．构建有效风控体系探索服务客户特色模式［EB/OL］. http：//www. cngrain. com/Publish/NewFuture/201010/59643. shtml.

［137］师树兴，马毅．依托期货市场转变实体企业经营模式的探讨［J］. 区域金融研究，2010（8）.

［138］施利敏．小麦产业链特点及开发建议［EB/OL］. http：//

www. docin. com/p－8428616. html.

［139］史晨昱. 大宗商品金融化［J］. 中国金融. 2011（7）.

［140］史薇. 对中国金融深化的分析［J］. 财经问题研究，1998（8）.

［141］苏应蓉. 全球农产品价格波动中金融化因素探析［J］. 农业经济问题，2011（6）.

［142］谈媛，缪旭明. 极端天气气候事件频现气象应急“常态化”——2010年极端天气气候事件引发的思考［J］. 中国应急管理，2011（4）.

［143］汤乐明，张群. 钢材期货套期保值功能研究［J］. 技术经济与管理研究，2011（3）.

［144］唐衍伟，陈刚，张晨宏. 中国农产品期货市场价格波动的长程相关性研究［J］. 系统工程，2005（12）.

［145］王朝阳. 发展现代服务业　推动产业结构优化升级——“现代服务业与产业升级学术研讨会”会议综述［J］. 财贸经济，2012（10）.

［146］王红英，王源源. 橡胶产业的服务模式［EB/OL］. http：//futures. stockstar. com/JL2010031200001096. shtml.

［147］王洪伟，蒋馥，吴家春. 铜期货价格与现货价格引导关系的实证研究［J］. 预测，2001（1）.

［148］王卉彤. 气候变化挑战下的国际金融衍生品市场新动向及其对中国的启示［J］. 财政研究，2008（6）.

［149］王济民，朱希刚. 我国大豆业发展所面临的形势、问题与对策［J］. 农业经济问题，2000（9）.

［150］王健，黄祖辉. 我国大豆期货市场价格发现功能的实证研究［J］. 农业技术经济，2006（3）.

［151］王骏，刘亚清. 我国豆油期货与现货价格动态关系研究：基于日数据的实证分析［J］. 中国农业大学学报，2007（6）.

［152］王金亮. 国际市场农产品价格波动对我国大豆加工业的影响［J］. 学习与探索，2010（5）.

［153］王向明. 我国大豆期货市场价格发现功能实证研究［J］. 中国外资，2011（4）.

［154］王玉刚，迟国泰，杨万武. 基于Copula的最小方差套期保值比率［J］. 系统工程理论与实践，2009（8）.

［155］温宇静，吴玉霞. 我国玉米期货市场价格发现功能实证研究［J］. 价格理论与实践，2010（12）.

［156］吴冲锋，钱宏伟，吴文峰. 期货套期保值理论与实证研究［J］. 系统管理学报，1998（4）.

［157］吴荣庆．我国铅锌矿资源特点与综合利用［J］．中国金属通报，2008（9）．

［158］吴若愚．借鉴日本期货操作经验提高我国期货市场应对危机能力［J］．金融发展研究，2009（7）．

［159］夏天，程玉细．国内外期货价格与国产现货价格动态关系的研究——基于 DCE 和 CBO 大豆期货市场与国产大豆市场的实证分析［J］．金融研究，2006（2）．

［160］夏友富，汤艳丽，向清凯．把握合理规模——我国大豆进口与大豆产业发展研究［J］．国际贸易，2003（10）．

［161］肖树强，赵息．我国钢材期货套保值比率与绩效实证研究——以螺纹钢期货为例［J］．价格理论与实践，2010（7）．

［162］熊学华．早籼稻产业链分析［EB/OL］．http：//doc. mbalib. com/view/5e8fe59162080c2d7527322dcf41f2e2. html.

［163］闫云仙，张越杰．美国玉米期货市场功能发挥的经验及启示［J］．农业经济问题，2011（7）．

［164］杨红旗，郝仰坤．我国大豆产业回顾、现状与发展对策［J］．广东农业科学，2010（1）．

［165］杨立宏，赵涛，程秋林．铝工业生态产业链的设计及其利益关系分析［J］．科学管理研究，2009（2）．

［166］杨青．北京中期 2010 年 PVC 年报［R］．北京：北京中期研究院，2010

［167］杨锁柱，王晋生．期货理论与实务［M］．北京：经济科学出版社，2005.

［168］杨钰适．商品期货金融属性突现及其表现［J］．中国有色金属，2007（6）．

［169］银国宏．中国资本市场与产业绩效关系研究．［M］．北京：经济管理出版社，2005.

［170］董科．打造专业优势　服务产业经济［N］．期货日报，2009－10－23（7）.

［171］余建斌，乔娟，乔颖丽．进口冲击下的中国大豆产业发展对策［J］．农业现代化研究，2005（3）．

［172］俞小平，姚萍，聂影．林业产业引进期货贸易机制的实践与障碍［J］．林业经济，2008（8）．

［173］约翰·赫尔．期权、期货及其他衍生产品：第八版［M］．王勇，索吾林，译．北京：机械工业出版社，2011.

［174］张兵，张蓓佳．农产品金融化对玉米期货价格的影响［J］．西北农林科技大学学报（社会科学版），2014（4）．

［175］张广本，孟需．石油金融化的发展及其面临的问题［J］．化工管理，2008（5）．

［176］张金清，刘庆富．中国金属期货市场与现货市场之间的波动性关系研究［J］．金融研究，2006（7）．

［177］张雷宝．期货市场与农业产业化经营的关系研究［J］．财经研究，2001（7）．

［178］张楠楠，王伯铎，马俊杰等．铅锌冶炼行业循环经济产业链构建［J］．环境污染与防治，2007（12）．

［179］张文朗，罗得恩．中国食品价格上涨因素及其对总体通货膨胀的影响［J］．金融研究，2010（9）．

［180］赵华，王一鸣．中国期货价格的时变跳跃性及对现货价格影响的研究［J］．金融研究，2011（1）．

［181］赵玉，祁春节．中国大豆期货市场有效吗？——基于事件分析法的研究［J］．经济评论，2010（1）．

［182］郑明川．最小风险套期保值比率方法［J］．系统工程理论与实践，1997（6）．

［183］中国国际期货公司课题组．期货市场服务于产业链发展的政策建议［EB/OL］．http：//finance. qq. com/a/20101209/005443. htm.

［184］中国期货业协会．期货市场教程：第六版［M］．北京：中国财政经济出版社，2009.

［185］中期在线．期货公司业务模式创新与服务国民经济［EB/OL］. http：//www. cifco. com. cn/academe/train_ content. shtml？ id = 6904.

［186］周寂沫．粮食贸易" 金融化" 趋势分析及对策研究［J］．社会科学辑刊，2011（3）．

［187］周丽娜．金融资源的富集作用与商品金融化［J］．金融理论与实践，2007（5）．

［188］周梅．发挥期货市场在我国粮食流通中的作用［J］．宏观经济研究，2001（11）．

［189］周应恒，邹林刚．中国大豆期货市场与国际大豆期货市场价格关系研究——基于 VAR 模型的实证分析［J］．农业技术经济，2007（1）．

［190］周舟，魏卓，高莹．基于共同因子模型的股指期货价格发现研究［C］．北京：中国科学院虚拟经济与数据科学研究中心，2011.

［191］朱江鸿．期现结合的有色金属产业发展模式［R］．上海期货交易

所研究报告，2010.

［192］朱信凯，韩磊，曾晨晨．信息与农产品价格波动：基于 EGARCH 模型的分析［J］．管理世界，2012（11）．

［193］庄岩．中国农产品价格波动特征的实证研究——基于广义误差分布的 ARCH 类模型［J］．统计与信息论坛，2012（6）．

［194］曹和平．产业链闭合、商业积聚与区域经济发动机［J］．经济学动态，2005（7）．

后　记

本书是在多项课题研究成果和研究论文基础上综合编写而成的。2011 年暨南大学经济学院与华联期货有限公司联合申报了中期协联合研究计划（第七期）项目“期货公司服务产业客户模式研究”项目（课题组成员：周毅夫、刘金山、杨彬、林耿、黄伙胜、蒋东艳、罗嘉庆、陈志伟、杨鹏、洪文琳、林健涵、陈文斌等），2013 年暨南大学经济学院课题组成功申报广东省社科基金项目“期货公司服务广东产业转型模式研究：基于产业链视角”（课题组成员：刘金山、李宁、邹建军、杨婷、王景、王晓晓、王伟、麦建明等）。这些课题立项后，课题组立刻着手设计研究方案细节，细化分工，开展调研，走访企业。课题组就详细提纲、初稿等进行了多次会议讨论，并参加若干学术交流活动和业界活动，就部分观点展开讨论。课题初稿完成后，部分专家学者提出了许多具有建设性的意见和建议。在研究过程中，产生了许多理论思考，部分研究生（罗嘉庆、陈志伟、洪文琳、杨鹏、林健涵、杨婷、王景、王晓晓等）选择相关理论专题进行学位论文写作。

因本书是由多人的研究成果和观点综合而成的，具体分工很难区分界限，就总体而言主体分工如下：第一章由刘金山、罗嘉庆负责，第二章由刘金山、林健涵负责，第三章由刘金山与周毅夫、杨彬、林耿、黄伙胜、蒋东艳等华联期货有限公司研究人员负责，第四章由刘金山、洪文琳、杨婷负责，第五章由刘金山、陈志伟、王景负责，第六章由刘金山、林健涵负责，第七章由刘金山、杨鹏、王晓晓、洪文琳负责，第八章由刘金山、陈文斌负责，第九章由刘金山、洪文琳负责，附录由刘金山、罗嘉庆、洪文琳负责。由于本书属于团队生产，每一章都有各成员的贡献，如果主体分工有所遗漏，敬请谅解。本书还参阅了多个期货公司的相关研究成果，在此一并表示感谢！

本书尚有许多错漏与不足之处，请读者不吝批评指正。

刘金山

2016 年 9 月